Deutschbuch

Arbeitsheft

8

Neue Grundausgabe

Arbeitstechniken
Texte schreiben
Grammatik
Rechtschreibung
Texte erschließen
Lernstand testen

Herausgegeben von
Cordula Grunow
und Bernd Schurf

Erarbeitet von
Günther Biermann, Friedrich Dick,
Ute Fenske, Josi Ferrante-Heidl,
Agnes Fulde, Marlene Koppers,
Margarethe Leonis, Dirk Urbach,
Mechthild Stüber

Inhaltsverzeichnis

SPRECHEN UND SCHREIBEN

Kurzreferat oder Kurzvortrag 3

Berichten – sachlich informieren 7
■ TESTE DICH! Berichten 11
Schildern 12
Beschreiben 15
■ TESTE DICH! – Schildern und beschreiben .. 17
Schriftlich Stellung nehmen –
   steigernde Argumentation 18
■ TESTE DICH! – Schriftlich Stellung
   nehmen 21

Grammatik

NACHDENKEN ÜBER SPRACHE · NACHDENKEN ÜBER SPRACHE · NACHDENKEN ÜBER SPRACHE

Wortarten 22
Pronomen 22
Adverbien 23
Das Verb: Tempus 24
Aktiv – Passiv 26
Das Verb: Modus 27
Konjunktiv I 27
Konjunktiv II 28
Ersatzformen 29
Formen der Redewiedergabe 30
Direkte Rede und indirekte Rede 30
Weitere Formen der Redewiedergabe 32
Modalverben 34
■ TESTE DICH! – Rund ums Verb 35
Satzglieder 36
Umstellprobe 36
Objekte: Frageprobe 37
Adverbiale Bestimmungen 38
Erweiterungsprobe 39
Apposition 39
Satzreihe und Satzgefüge 40
Adverbialsätze 41
Subjekt- und Objektsätze: dass-Sätze 44
Relativsätze: das-Sätze 45
das oder dass sicher unterscheiden 46
Infinitivsätze 47
■ TESTE DICH! – Satzreihe, Satzgefüge und
   Kommasetzung 48

Rechtschreibung

Eine Rechtschreibkartei anlegen 50
Groß- und Kleinschreibung 51
Nomen erkennen 51
Nominalisierung 52
Tageszeiten und Wochentage 54
■ TESTE DICH! – Groß- und Kleinschrei-
   bung 55
Getrennt schreiben oder zusammen? 56
Verbindungen mit Verben 56
Verbindungen aus Verb und Verb 57

NACHDENKEN ÜBER SPRACHE

Verbindungen mit *sein* 57
■ TESTE DICH! – Getrennt oder zusammen? ... 58
Fremdwörter 59
Kurze Vokale 60
Verlängern 60
Wortstamm finden und verlängern 61
Lange Vokale 62
Das lange i 63
Die Verlängerungsprobe bei b/p, d/t, g/k ...64
Schwierige Schreibweisen:
   ent- oder end-? k,c oder ch? 65
Rechtschreibung prüfen: Diktat und
   Textüberarbeitung 66
Zeichensetzung prüfen 67
Fehleranalyse 69

UMGANG MIT TEXTEN

Einen Sachtext erschließen 70
Sachtexte lesen und wiedergeben 70
Diagramme auswerten 73
■ TESTE DICH! – Sachtexten Informationen
   entnehmen 74
Einen Erzähltext erschließen 75
Die Handlung erschließen 76
Die Inhaltsangabe schreiben 77
Eine Figur beschreiben 78
■ TESTE DICH! – Erzähltexte erschließen 80
Eine Dramenszene untersuchen 81
Die Figurenkonstellation darstellen 82
■ TESTE DICH! – Dramenszenen unter-
   suchen 84
Gedichte interpretierend vortragen 85

TEST E DICH!

Ich teste meinen Lernstand 86
Diagnose: Meine Stärken und Schwächen
   im Fach Deutsch 86
A1 EINEN ERZÄHLENDEN TEXT VERSTEHEN ...87
B NACHDENKEN ÜBER SPRACHE 90
A2 EINEN SACHTEXT VERSTEHEN 91
A3 GRAFIKEN VERSTEHEN 93
C EINEN TEXT ÜBERARBEITEN 94
D SCHREIBEN – EINEN KOMMENTAR VERFASSEN ...95

Aufgaben   **1** *Aufgabe*

   5 *Zusatzaufgabe*

Piktogramme   Partnerarbeit

   Arbeitstechniken

   Arbeiten mit dem Computer

*Mit dem beigefügten Lösungsheft kannst du deine Antworten
zu den Aufgaben und den Tests selbst überprüfen.*

Deutschbuch
Arbeitsheft

Neue Grundausgabe

Seite 3

1 b) *Mögliche Ergänzungen zum Cluster:*
Wer ist Sophie Scholl?
Welche Ziele verfolgte die Gruppe „Die Weiße Rose"?
Was unternahm die Gruppe?
Was wurde aus der Gruppe?
Wofür steht das Symbol „Weiße Rose"?
Gibt es Ausstellungen/Museen zum Thema?

2 a) Einträge im Dezember 2008: 640 000 (bei Google)
b) Einträge im Dezember 2008: 2 390 (bei Google)

Seite 4

3 a) *Mögliche markierte Informationen:*
in Text 1: „Die Weiße Rose"; fünf Münchener Studierende und ihr Hochschulprofessor; zwischen ... 1942 und Februar 1943; Flugblättern ... Widerstand gegen die nationalsozialistische Diktatur; öffentlicher Protest
in Text 2: breite Masse zum Handeln bewegen; Invasion ... Frage der Zeit
in Text 3: graut ... vor ... Krieg; Politik ... verworren und böse; feige, sich von ihr abzuwenden
in Text 4: Sophia Magdalena Scholl; 9. Mai 1921 ... 22. Februar 1943; deutsche Widerstandskämpferin; Nationalsozialismus; wegen ... Engagements in der Widerstandsgruppe „Die Weiße Rose" hingerichtet
in Text 5: Hans Scholl ... Erfinder dieses Namens; „gefühlsmäßig" gewählt; positiv wirken; einprägsam
in Text 6: Hans Scholl; trage Knospe einer Rose; andere Seite; weit entfernt von allem Soldatentum

Seite 5

4 b) *Mögliche Reihenfolge:*

zu A:	Über Sophie Scholl „Die Weiße Rose" und ihre Mitglieder Politische Ziele der Gruppe „Die Weiße Rose" Aktionen und Schicksal der Gruppe
zu B:	„Die Weiße Rose" und ihre Mitglieder Politische Ziele der Gruppe „Die Weiße Rose" Über Sophie Scholl Aktionen und Schicksal der Gruppe

5

Über Sophie Scholl

Name:	Scholl, Sophia Magdalena
Geboren:	9. Mai 1921 in Forchtenberg (Forchtenberg ist eine Stadt im Hohenlohekreis im nördlichen Baden-Württemberg)
Gestorben:	22. Februar 1943 in München-Stadelheim hingerichtet
Wohnort:	wuchs in Ulm auf; zum Studium in München
Eltern:	Scholl, Robert (liberaler Bürgermeister von Ulm 1945–1948) Müller, Magdalene
Geschwister:	Inge, Hans, Elisabeth und Werner
Ausbildung/ Studium:	Schulbesuch, anschließend Ausbildung zur Kindergärtnerin; ab Juni 1942 Studium in München: Biologie und Philosophie
Arbeitsdienst(e):	Reichsarbeitsdienst und Kriegshilfedienst
Zitat:	„ ... solange [die Politik] so verworren ist und böse, ist es feige, sich von ihr abzuwenden." [Text 3]

Seite 6

6 *Mögliche Stichwortkarten:*

„Die Weiße Rose" und ihre Mitglieder

„Die Weiße Rose":	Name einer Widerstandsgruppe in München während des Nationalsozialismus
gegründet:	im Juni 1942 ! Krieg
bestand bis:	zum Februar 1943
Mitglieder:	Geschwister Hans und Sophie Scholl; Mitstudenten: Christoph Probst, Willi Graf und Alexander Schmorell, außerdem Professor Kurt Huber
Name:	**„Die Weiße Rose"** – Überschrift *Die Weiße Rose* über den Flugblättern
Namensursprung:	? letztendlich unklar

Politische Ziele der Gruppe „Die Weiße Rose"

Zitat:	„Der deutsche Name bleibt für immer geschändet, wenn nicht die deutsche Jugend endlich aufsteht, rächt und sühnt zugleich, ihre Peiniger zerschmettert und ein neues geistiges Europa aufrichtet." 6. Flugblatt, im Februar 1943 verbreitet → Verhängnis
Hochschulen:	wenige Studierende, die nationalsozialistisches Gedankengut ablehnten
NS-Behörden:	betrachteten in den Kriegsjahren „Die Weiße Rose" als ernsthafte Bedrohung
Aufrufe:	→ gegen die nationalsozialistische Diktatur; → Verweis auf die aussichtslose Kriegslage; → Aufdeckung der Verbrechen und Gräueltaten des NS-Staates
„Die Weiße Rose":	☺ Vorbild für Zivilcourage – nicht nur im politischen, sondern auch im alltäglichen Leben

Aktionen und Schicksal der Gruppe

Flugblatt-aktionen:	insgesamt sechs Flugblätter gegen Hitler und die Nazis Parolen an Hauswände geschrieben, z. B. „Nieder mit Hitler" und „Freiheit"
Aufrufe:	1. zum passiven Widerstand; 2. zum Sturz der Regierung
Verhaftung:	Am 18. Februar 1943 versuchten die Geschwister Scholl, das 6. Flugblatt in der Universität auszulegen und wurden dabei vom Hausmeister Jakob Schmid entdeckt.
Verurteilung:	verurteilt zum Tod durch das Fallbeil; → Vollstreckung: 22.02.1943 an den Geschwistern Scholl und Christoph Probst; → Kurt Huber, Willi Graf und Alexander Schmorell wurden in einem zweiten Prozess vor dem Volksgerichtshof ebenfalls zum Tode verurteilt und hingerichtet

7 a) 3 A, 2 B

b) *Mögliche persönliche Aussage:*
Als ich den Film „Sophie Scholl – Die letzten Tage" im Kino gesehen habe, war ich tief beeindruckt. Seitdem interessiere ich mich für die Geschichte der Geschwister Scholl und „Die Weiße Rose".

8 a) B6; C7; D8; E2; F1; G5; H3

Seite 8

2 Die Aussagen A, D, E, F, G sind richtig, die Aussagen B, C und H sind falsch.

3 Die Materialien auf S. 7 informieren über einen Wettbewerb von UNICEF: Die Organisation zeichnet jedes Jahr JuniorBotschafter aus, die sich durch besondere Aktionen um die Rechte der Kinder bemüht haben.

4

Jahr	Preisträger – JuniorBotschafter	Aktion – Thema
2007	Ricarda Theobald (14), Stefanie Bachtin (14) und Maïté Darroman (15), Gymnasiastinnen aus Grünstadt bei Worms	Aktion: „1 000 Gesichter für Afrika – Wir geben Kindersoldaten ein Gesicht" – Kinderschminkaktion Thema: Kindersoldaten in Afrika, besonders im Kongo

5 a) + b)

Informationen über …	M1	M2	M3	M4	W-Frage
die Preisträger des Wettbewerbs		✗	✗		Wer?
den eigentlichen Wettbewerb	✗				Was? Wann? Wer? Wie?
Nana Yaa Nyantakyi			✗	✗	Wer? Wo?
die Aktion „Weiße Schleife"				✗	Was? Wie? Welche Folgen?
die Beweggründe der Preisträgerin			✗	✗	Warum?

Seite 9

6 Material 2 kann ganz weggelassen werden, da es keine wichtigen Informationen für den Bericht enthält.
Material 1 kann teilweise weggelassen werden, weil der Aufruf von UNICEF zur Teilnahme oder die Kriterien dafür für einen Bericht über Nana Yaa Nyantakyi nicht wichtig sind.

7 *Mögliche Zusammenfassung:*
Nana Yaa Nyantakyi warb bei Verwandten, Freunden, Politikern und Sponsoren um Teilnahme an ihrer Spendenaktion. Sie wandte sich auch an die Medien, damit ihre Aktion „Weiße Schleife" in der Öffentlichkeit bekannt wurde.

8 *Mögliche Reihenfolge:*
4 Informationen zur Aktion „Weiße Schleife"
2 Über den Preis „JuniorBotschafter"
3 Beweggründe der Preisträgerin zur Teilnahme am Wettbewerb
1 Über die Person Nana Yaa Nyantakyi

9 Nana Yaa macht deutlich, dass sie die schrecklichen Bilder von der Flutkatastrophe im Fernsehen und in den Zeitungen gesehen habe. Sie sagt, da sei sie auf die Idee gekommen, auch zu helfen. Nana Yaa betont, dass Kinder eigentlich die Zukunft seien, und wenn es ihnen nicht gut gehe, wisse man nie, was morgen sein werde.

Seite 10

10 a) nein

b) Den Preis „JuniorBotschafterin des Jahres 2005" bekam die Schülerin Nana Yaa Nyantakyi. Er wurde ihr am 6. Juni 2005 in der Frankfurter Paulskirche überreicht. Nana Yaa berichtete dem Publikum, dass sie nach den Zeitungsberichten über die Flutkatastrophe in Südostasien verzweifelt gewesen sei. Sie wollte helfen.

11 a) *Mögliche Nomen:*
Nana Yaa, die Schülerin, das 11-jährige Mädchen, die Junior-Botschafterin, die Preisträgerin

b) *Hauptsatz + Hauptsatz:* Die Schülerin rief die Aktion „Weiße Schleife" ins Leben und sie hat die weißen Schleifen selbst hergestellt.

Hauptsatz + Infinitivsatz: Nana Yaa besuchte Freunde, Bekannte, Politiker und Prominente, um Spenden für die Flutopfer in Südostasien zu sammeln.

Hauptsatz + Nebensatz (kausal): Die Preisträgerin wählte die weißen Schleifen als Symbol, weil die Farbe Weiß in Asien zugleich als Zeichen der Hoffnung und der Trauer gilt.

12 *Möglicher ausformulierter Bericht:*
Ein tolles Mädchen
Die 11-jährige Schülerin Nana Yaa Nyantakyi aus Leverkusen erhielt die Auszeichnung „UNICEF-JuniorBotschafterin des Jahres 2005" in der Frankfurter Paulskirche am 6. Juni 2005. Jedes Jahr wählt eine Jury aus Kindern und Erwachsenen im Auftrag von UNICEF fünf Gewinner, die sich mit besonderen Aktionen für Kinder eingesetzt haben.
Die Schülerin sagte, sie habe die schrecklichen Bilder von der Flutkatastrophe im Fernsehen und in den Zeitungen gesehen und sei danach auf die Idee gekommen, auch zu helfen.
Nana Yaa sammelte bei ihrer Aktion „Weiße Schleife" durch den Verkauf von weißen Schleifen, die sie selbst hergestellt hatte, bei Freunden, Bekannten, Politikern und Prominenten Spenden für die Flutopfer in Südostasien. Sie wandte sich auch an die Medien, damit ihre Aktion in der Öffentlichkeit bekannt wurde. Die Preisträgerin wählte die Farbe Weiß, weil diese in Asien die Hoffnung und die Trauer symbolisiert.

Seite 11 – Teste dich!

2 a) Der Bericht ist im Präsens verfasst. `1`

b) Berichte stehen im Präteritum. `1`

3 „Was die Kinder und Jugendlichen leisten, ist wirklich oscar- `1`
reif. Die UNICEF-JuniorBotschafter sind ein tolles Team. Sie
prangern Kinderrechtsverletzungen an und bringen konkrete Hilfe für Kinder in Not auf den Weg." (Z. 11–14)

4 *Wer?* Preisträgerinnen: Ricarda Theobald, Stefanie Bachtin, `1`
Maïté Darroman; Sabine Christiansen

Was? Preisverleihung für UNICEF-JuniorBotschafter des `1`
Jahres 2007

Wann? 21.5. 2007 `1`

Wo? in der Frankfurter Paulskirche `1`

Wie? Schminkaktion: „1 000 Gesichter für Afrika – Wir `1`
geben Kindersoldaten ein Gesicht"

Warum? machen […] auf das Schicksal der Kriegskinder im `1`
Kongo aufmerksam; Originalität und Kreativität der Aktion

5 Am 21. Mai 2007 (1 Punkt) wurden in der Frankfurter Pauls- `7`
kirche (1 Punkt) die Preisträger des Wettbewerbs „UNICEF-
JuniorBotschafter 2007" (1 Punkt) bekannt gegeben. Ricarda
Theobald, Stefanie Bachtin und Maïté Darroman belegten
den ersten Platz (1 Punkt). Mit ihrer Schminkaktion „1 000
Gesichter für Afrika – Wir geben Kindersoldaten ein Ge-
sicht"
(1 Punkt) wollten sie auf das Schicksal der Kriegskinder im
Kongo (1 Punkt) aufmerksam machen. (gewählte Zeitform:
Präteritum: 1 Punkt)

> *17 erreichbare Punkte*

Seite 13

2 Adjektive: grau hinterlegt;
Beispiele für treffende Verben: umkreist;
unvollständige Sätze: unterstrichen

Heute Morgen sind meine Knieschmerzen so gut wie weggeblasen. Kann mein Knie fast schmerzfrei bewegen! Nach einem zünftigen Frühstück in der Gaststätte habe ich mich so gegen zehn Uhr auf den Weg gemacht, Richtung Zubiri, heute, laut
meinem Kilometer zählenden Reiseführer, nur mal sechseinhalb
Stunden Fußmarsch. Zur Abwechslung führt der Weg heute wieder über die Berge.
Da meine Wanderschuhe noch klitschnass sind, bleibt mir
nichts anderes übrig, als in meinen Badelatschen loszulaufen, die
ich mir auf Anraten meiner sehr deutschen Touristenlektüre ursprünglich gekauft habe, um direkten Fußkontakt mit unsauberen Duschwannen zu vermeiden. Die schweren kanadischen
Boots habe ich zum Trocknen an meinen Rucksack gehängt.
Der Anfang des Weges ist einfach und schön zu gehen. Hinzu
kommt, dass heute der Hochsommer ausgebrochen ist. Habe das
Gefühl, die nasse Kälte von gestern auszuschwitzen. Der Weg
führt mich durch wunderschöne Wälder, in denen es nur so von
Schmetterlingen und Eidechsen wimmelt und andere Pilger leider nicht auszumachen sind.
Endlich kann ich auch mal das alpenländisch anmutende Bergpanorama genießen. Nur die Beschilderung des Weges ist heute
eher chaotisch und einfallsreich. Man muss schon sehr aufpassen, um die obligatorischen, von Hand gepinselten gelben Pfeile
auf der Straße, an Bäumen, Zäunen oder auf Steinen wahrzunehmen, damit man auf dem rechten Weg bleibt. Trotzdem
stellt sich bei mir das Gefühl ein, nicht ich laufe in Latschen
nach Santiago, sondern Santiago kommt mir heute in Siebenmeilenstiefeln entgegen!
Die ersten baskischen Dörfer, durch die ich komme, sind traumhaft schön. Das ganze Baskenland kommt mir vor wie ein riesi-

ger Märchenwald. Der Baustil der Häuser ist fantasievoll. Eine
Architektur, die sich zwischen Cochem an der Mosel und Timmendorfer Strand bewegt. Und ich frage mich: Wie kann die ETA
nur Bomben im Märchenwald legen?
Auf einem wunderschönen Höhenweg sehe ich zwölf riesige
Greifvögel, die ganz dicht über mir kreisen. Ich zähle mehrmals
nach und kann es kaum glauben. Ein majestätischer Anblick,
den ich natürlich mit meiner Wegwerfkamera verewige! Ich habe keine Ahnung, ob es Adler in den Pyrenäen gibt. Selbst mein
besserwisserisches Vademekum schweigt sich darüber aus; aber
so jedenfalls sehen diese Vögel aus. Ich hoffe nicht, dass es sich
um Geier handelt, die in mir fette Beute sehen. Schön, dass ich
ornithologisch nicht ganz auf der Höhe bin, so kriege ich auch
mal zwölf Adler zu sehen!
„Lauf weiter, Dicker. Es wird schon gehen."

c) Die unvollständigen Sätze wirken wie ein Tagebucheintrag,
der beiläufig notiert wird.

3 a) *Textstellen, bei denen der Leser schmunzeln muss:*
unterstrichen;

4 *Textstellen, in denen Gefühle und Gedanken geäußert werden:*
grau hinterlegt

Tja, und nach dem dritten Höhenweg mit schier unbeschreiblicher Fernsicht sind auch, grüß Gott, meine Knieschmerzen wieder da. Hölle! Tut das weh!
Und mich befallen wieder Zweifel, ob ich als pummelige couch
potato wirklich gut daran tue, mal eben in Badelatschen die Pyrenäen zu überqueren. Dreißig Kilometer am Tag zu marschieren
ist eben keine Kaffeefahrt. Mal geht's besser mit dem Knie, dann
wieder schlechter. Gepeinigt von stechenden Schmerzen, muss
ich mein Lauftempo notgedrungen drastisch reduzieren. Zumal
ich statt in ordentlichem Schuhwerk in Gummipuschen herumlatsche. Da guckt dann schon mal der eine oder andere baskische
Bauer belustigt aus der Wäsche, wohl wissend, dass das Meer
schlappe zweihundert Kilometer entfernt liegt.
Irgendwann komme ich dann endlich wieder in ein Örtchen,
dessen Herz aus einer kleinen Kneipe besteht. Ich genehmige
mir Speis und Trank und kann ein paar Vorräte bunkern. Bananen, Wasser und Brot.
Gestärkt wandere ich weiter und wundere mich nach einer guten halben Stunde über die Leichtigkeit meines Schritts. Irgendetwas fehlt. Ein Geräusch! Das schürfende Klackern meines Pilgerstabes auf dem Asphalt ist verschwunden. Na prima. Ich habe
ihn in der Kneipe stehen lassen. Sofort trabe ich im Eilschritt zurück, um ihn zu holen, denn ohne meinen Stock ist jeder Abstieg
unmöglich, und … irgendwie fehlt mir der Knüppel auch.
Unter sengender Hitze verlassen mich dann kurz darauf wieder
die Kräfte, und ich bin drauf und dran, den soeben wiedergefundenen Pilgerstab ins Korn zu werfen. Was tue ich hier? Bin ich
noch gescheit? Wenn mein Hausarzt wüsste, wie ich mich vollends übernehme! Badelatschen habe ich schon an, also wieso
fahr ich nicht ans Meer?
Aber ich zwinge mich, anders zu denken, und so rede ich mir gut
zu: „Lauf einfach weiter, Dicker! Es wird schon gehen."

3 b) „[…] mal eben in Badelatschen die Pyrenäen zu überqueren"
(Z. 6): Hape Kerkeling untertreibt stark (im Gebirge trägt man
statt Badelatschen Wanderstiefel) und schreibt ironisch-über-
trieben, das wirkt amüsant.
„[…] Pilgerstab ins Korn zu werfen" (Z.30): Kerkeling verändert
eine bekannte Redewendung („die Flinte ins Korn werfen"), sodass der Leser erst stutzig wird und dann schmunzelt.

Seite 14

5 Ohne Pilgerstab geht nichts mehr, es sei denn im Sturzflug. Ja, und so ist auch dieser Abstieg von weiteren zweieinhalb Stunden die reinste Wanderhölle! [...] Der Weg nach unten durch den Wald hat's faustdick hinter den Blättern. [...] Ein Weg ist nicht mehr zu erkennen, alles sieht eher aus wie eine Art Schlucht durch das wilde Kurdistan. [...] Es bleibt mir nichts anderes übrig, als die Kletterei als Entspannungsübung zu nehmen.

6 *Mögliche Erklärungen:*

„im Sturzflug" (Z. 1): Da Kerkeling keinen Stab mehr hat, besteht die Gefahr, dass er beim Abstieg vom Berg so schnell hinunterstürzt wie ein Flugzeug im Sturzflug.

„reinste Wanderhölle" (Z. 2): Der Bergabstieg ist so unangenehm und schweißtreibend, dass Kerkeling sich vorkommt wie in der Hölle.

„hat's faustdick hinter den Blättern" (Z. 3–4): Eine Abwandlung der Redewendung „es faustdick hinter den Ohren haben" = gerissen sein. Der Weg durch den Wald wird personifiziert, er ist raffiniert und schwierig und sorgt dafür, dass Kerkeling sechsmal umknickt.

„eine Art Schlucht durch das wilde Kurdistan" (Z. 7–8): „Durchs wilde Kurdistan" ist der Titel eines bekannten Abenteuerromans von Karl May aus dem Jahr 1892 und eines auf ihm basierenden Spielfilms von 1965. Kerkeling benutzt den Ausdruck, um auf humorvolle Weise die Fremdartigkeit und Gefährlichkeit der Landschaft hervorzuheben.

„als Entspannungsübung (auch: Meditation, hier Z. 10): Entspannung oder Meditation ist die Versenkung in das eigene Innere. Man versucht, ganz im „Hier und Jetzt" zu sein und einen Zustand ohne Gedanken und Gefühle zu erreichen. Kerkeling will nicht daran denken, was ihm noch bevorsteht, sondern nur an den nächsten Schritt, also das „Hier und Jetzt".

Seite 15

1 Beständig mussten die Freunde, der vielen Bekannten wegen, die Mützen herunternehmen, ja, von manchen Leuten wurden die Vierzehnjährigen zuerst gegrüßt ...

Beide hatten die Schulmappen über die Schultern gehängt und beide waren sie gut und warm gekleidet; Hans in eine kurze Seemanns-Überjacke, über welcher auf Schultern und Rücken der breite blaue Kragen seines Marineanzuges lag, und Tonio in einen grauen Gurtpaletot. Hans trug eine dänische Matrosenmütze mit kurzen Bändern, unter der ein Schopf seines bastblonden Haares hervorquoll. Er war außerordentlich hübsch und wohlgestaltet, breit in den Schultern und schmal in den Hüften, mit freiliegenden und scharf blickenden stahlblauen Augen. Aber unter Tonios runder Pelzmütze blickten aus einem brünetten und ganz südlich scharfgeschnittenen Gesicht dunkle und zart umschattete Augen mit zu schweren Lidern träumerisch und ein wenig zaghaft hervor ... Mund und Kinn waren ihm ungewöhnlich weich gebildet. Er ging nachlässig und ungleichmäßig, während Hansens schlanke Beine in schwarzen Strümpfen so elastisch und taktfest einherschritten.

2

Hans	Tonio
Gemeinsamkeiten:	
viele Bekannte	viele Bekannte
vierzehn Jahre alt	vierzehn Jahre alt
Schulmappe über die Schulter gehängt	Schulmappe über die Schulter gehängt
gut und warm gekleidet	gut und warm gekleidet
Gegensätze:	
hübsch, wohlgestaltet	
blond	braune Haare
blaue Augen	dunkle Augen, südländischer Typ
kräftig (breite Schultern)	Gesicht mit scharfen Konturen
Marineanzug, Matrosenmütze	Mantel, Pelzmütze
wirkt offen („freiliegende" Augen)	wirkt zurückhaltend, schüchtern (Augen mit Schatten, schweren Lidern, „träumerischer", „zaghafter" Blick, Mund und Kinn sind „ungewöhnlich weich gebildet", was auf wenig Selbstbewusstsein und Willenskraft hindeutet)
selbstbewusst, entschlossen („taktfester" Schritt)	sein Gang ist unsicher, wenig zielgerichtet („nachlässig und ungleichmäßig")

3 *Beispiel:*

Der vierzehnjährige Tonio Kröger trägt eine runde Pelzmütze und einen grauen Mantel und hat sich seine Schulmappe über die Schulter gehängt. Er schlendert mit einem recht laschen, achtlosen Gang einher. Tonios braune Haare, seine dunklen Augen und seine ausgeprägten Gesichtszüge lassen ihn wie einen Südländer wirken. Die leichten Schatten unter seinen Augen und die schweren Lider tragen dazu bei, dass sein Blick verträumt und etwas schüchtern wirkt. Sein Mund und seine Kinnpartie sind weich geschwungen. Insgesamt macht Tonio einen unsicheren, zurückhaltenden Eindruck.

Seite 16

4 **Gesicht:** oval, schmal, hohe Wangenknochen, hellhäutig

Augen: groß, mandelförmig, verschiedenfarbig (Kontaktlinsen: gelb, pinkfarbig), stark geschminkt, grauer Lidschatten, schwarze Lidstriche am Ober- und Unterlid, Augenbrauen gezupft, bogenförmig, grau nachgeschminkt, cooler (kühl, distanzierter) Ausdruck

Mund: herzförmige Oberlippe, leicht rosa geschminkt, geschlossen, kein Lächeln

Nase: fein, eher klein

Frisur: gefärbte blonde, braune, weiße, rote und gelbe Haare, in die Stirn hängende Ponyfransen, linkes Ohr liegt frei, übrige Haare nach hinten gebunden, toupiert, (wahrscheinlich künstliche) lange Rastalocken in Weiß, Gelb und Rot

Besondere Merkmale: im Manga-Stil geschminkt und frisiert

Gesichtsausdruck und Körperhaltung: Mädchen wirkt cool, Kopf leicht nach vorn gebeugt

Kleidung und Schmuck: schwarz-weißer Kragen, wahrscheinlich von einer Jacke, darunter schwarzes T-Shirt mit Rundhalsausschnitt, im linken Ohr ein kleiner silberner Ohrring

Gesamteindruck: sehr „gestylt", nicht natürlich, aber sehr hübsches, ebenmäßiges Gesicht

5 *Beispiel:*

Im Gesicht des Mädchens fallen die großen Augen auf, die sich durch einen mandelförmigen Schnitt auszeichnen. Die Augen sehen verschiedenfarbig aus. Wahrscheinlich trägt das Mädchen farbige Kontaktlinsen. Die Iris im linken Auge glänzt gelb, die im rechten Auge schimmert pinkfarbig. Starke schwarze Schminke umrandet die Augen. Die Striche des unteren und oberen Lidstrichs treffen sich im äußeren Augenwinkel. Die Lider werden durch eine graue Färbung und stark getuschte schwarze Wimpern betont. Der Blick wirkt cool.

6 *Beispiel:*

Die junge Frau auf dem Foto sieht asiatisch aus, wahrscheinlich ist sie Japanerin. Ihr Alter liegt schätzungsweise zwischen 15 und 25 Jahren. Ihr ovales, schmales und hellhäutiges Gesicht wird besonders von den hohen Wangenknochen geprägt. Außerdem fallen die großen Augen auf, die sich durch einen mandelförmigen Schnitt und ihre unterschiedliche Farbe auszeichnen. Die Iris im linken Auge glänzt gelb, die im rechten Auge schimmert pinkfarbig. Wahrscheinlich trägt das Mädchen farbige Kontaktlinsen. Starke schwarze Schminke umrandet die Augen. Die Striche des unteren und oberen Lidstrichs treffen sich im äußeren Augenwinkel. Die Lider werden durch eine graue Färbung und stark getuschte schwarze Wimpern betont. Der Blick wirkt cool. Über den Augen wölben sich bogenförmige, gezupfte Augenbrauen, die grau nachgeschminkt sind. Die Nase wirkt fein und zierlich und ist sanft geschwungen. Die junge Frau hat ihre herzförmige Oberlippe und ihre volle Unterlippe leicht rosa geschminkt. Auf dem geschlossenen Mund liegt kein Lächeln. Das Gesicht wird von fransig geschnittenen Haaren umrahmt, in die Stirn und bis über die Augen hängt ein hellblond und braun gefärbter Pony. Die übrigen Haare sind nach hinten gebunden und toupiert und münden in weiße, rote und gelbe, vermutlich künstliche Rastalocken, die bis über die Schultern hängen. Das linke Ohr schmückt ein kleiner, silberner Ohrring. Das Make-up, die verschiedenfarbigen Augen und die auffällige Frisur entsprechen ganz dem Manga-Stil. Um den schlanken Hals des Mädchens schmiegt sich ein schwarz-weißer Kragen, wahrscheinlich von einer Jacke. Darunter blitzt ein schwarzes T-Shirt mit Rundhalsausschnitt hervor. Über dem linken Schlüsselbein befindet sich ein kleines dunkles Muttermal. Die junge Frau hält den Kopf leicht nach vorn gebeugt und ihr hübsches, ebenmäßiges Gesicht wirkt cool.

Seite 17 – Teste dich!

1 Textstellen, die eine persönliche Sichtweise des Ich-Erzählers wiedergeben: grau hinterlegt; sachliche Beschreibungen: unterstrichen

`3`

`9`

Er fragte nicht, wohin wir gingen oder wie weit, er folgte mir ohne Neugierde, auch ohne Ungeduld, und ich pflügte uns einen Kurs durch das Schilf mit ausgestreckten und spitz zusammenlaufenden Armen und hielt dabei auf den alten Mühlenteich zu und auf die flügellose, verfallende Windmühle, mit der der Wind nichts mehr anfangen konnte. Der sumpfige Boden federte. Manchmal gab die verfilzte Oberfläche nach, der Fuß brach ein, und torfbraunes Wasser sprudelte in die Löcher. Wir stöberten Wildenten auf. Ich sah überall Augen. Rauschend richtete sich das Schilf hinter uns auf. Die Wildenten flogen eine Schleife und fielen hinter uns wieder ein. In der grünen Dämmerung hatte ich das Gefühl, mich auf dem Grund der See zu bewegen, durch schlaff wallende Tangwälder, durch lauerndes Schweigen vorwärts. Dann lichtete sich der Schilfgürtel, und wir hatten den Mühlenteich vor uns und dahinter, auf rostigem Drehkranz, die Mühle. Da? fragte mein Bruder, und ich nickte, sicherte nach allen Seiten, bevor ich über den Holzzaun kletterte und zu dem befestigten Weg lief, der zur Mühle hinaufführte. Wie soll ich meine Lieblingsmühle vorstellen: auf künstlichem Hügel stand sie, stand erwartungsvoll – wenn auch flügellos – gegen Westen, ihre Zwiebelkuppe war mit Schiefer besetzt, der achteckige, aus übereinandergenagelten Planken gebaute Turm hatte zwei Blitzschläge überstanden. Die hocheingeschnittenen, in weiße Rahmen gefaßten Fenster waren zerbrochen, das Flügelkreuz lag zerkleinert und

`12`

verfaulend an der Ostseite im Gras, zwischen ausgedienten Mühlsteinen, speichenlosen Rädern und Hufeisen. Die zersplitterte Tür hatte sich lange nicht schließen lassen, bis ich den Boden abtrug und die Angeln neu richtete. Regen, Wind und die Jahre hatten die Rampe zum Einsturz gebracht. Es zog in meiner Mühle, es knackte, pfiff und polterte, und wenn der Wind umsprang von West nach Ost, dann rumorte es oben in der Kuppel, und ein Flaschenzug senkte sich quietschend aus der Höhe, konnte allerdings keine Last finden. Da wurden Glasscherben zerkleinert, da segelten Fledermäuse, die wie Pappstücke aussahen, lautlos über die Tenne, und lose Blechverkleidung schepperte unter der geringsten Berührung. Zerzaust und angeschlagen, verkommen, mit trockenen Scheißhaufen garniert, war meine Mühle sich selbst überlassen, stand schwarz und untauglich im Blickfeld zwischen Rugbüll und Bleekenwarf.

12 erreichbare Punkte

Seite 18

1 These: grau hinterlegt;
Argumente: unterstrichen;
Beispiele oder Belege: (eingeklammert)

Die meisten der rund 6 Millionen Vegetarier in Deutschland verzichten freiwillig auf Fleisch auf dem Ernährungsplan. Warum eigentlich?
Viele Vegetarier verzichten auf Fleisch, um die Tiere zu schützen. Doch wer sich vegetarisch ernährt, lebt auch gesund. Eine Studie des Deutschen Krebsforschungszentrums beweist, dass (Vegetarier älter werden). Untersuchungen verschiedener Institute belegen, dass Vegetarier (seltener an Krebs und Diabetes („Zucker") erkranken) und (kaum an Herz-Kreislauf-Erkrankungen leiden). Allein der (Wasserverbrauch) für die Erzeugung von 1 kg Fleisch ist 400 Mal so hoch wie der für 1 kg Weizen. Mittlerweile ist es recht unkompliziert, vegetarisch zu essen. Vegetarier, insbesondere Kinder und Jugendliche, (leiden seltener an Übergewicht). Einige Menschen verzichten aber auch auf Fleisch, weil sie berühmte Vorbilder haben. (Albert Einstein, Leonardo da Vinci und der weltbekannte Forscher Alexander von Humboldt) haben sich zum Beispiel vegetarisch ernährt. (Die Landgewinnung für die Rinderzucht ist z. B. ein großer Faktor bei der Zerstörung des tropischen Regenwaldes). Vegetarisch zu essen, ist gelebter Klima- und Umweltschutz. (In deutschen Schlachthäusern sterben täglich weit über 100 000 Tiere). Es gibt (genügend Ersatzprodukte) und sogar große (Fastfood-Ketten bieten heutzutage vegetarische Burger und Gerichte) an. Berichte zeigen immer wieder, was für (Qualen unzählige Tiere in der Massentierhaltung) erleiden. „Man lebt als Vegetarier gesünder und umweltbewusster", betont Soya Proteina, Sprecherin eines Verbandes von Vegetariern.

2

These	Argumente	Beispiele/Belege
Man lebt als Vegetarier gesünder und umweltbewusster.	Vegetarier leben gesünder. (5)	– Vegetarier werden älter. – Sie erkranken seltener an Krebs und Diabetes. – Sie leiden kaum an Herz-Kreislauf-Erkrankungen. – Sie leiden seltener an Übergewicht.
	Vegetarier schützen Tiere. (4)	– In deutschen Schlachthäusern sterben täglich weit über 100 000 Tiere. – Massentierhaltung bedeutet Qualen.

Mittlerweile ist es recht unkompliziert, vegetarisch zu essen. (2)	– Es gibt genügend Ersatzprodukte. – Sogar Fastfood-Ketten bieten vegetarische Gerichte an.
Berühmte Persönlichkeiten sind Vorbilder. (1)	– Albert Einstein, Leonardo da Vinci und der weltbekannte Forscher Alexander von Humboldt sind Vorbilder.
Vegetarisch zu essen ist gelebter Klima- und Umweltschutz. (3)	– Der Wasserverbrauch für die Erzeugung von 1 kg Fleisch ist 400 Mal so hoch wie der für 1 kg Weizen. – Die Landgewinnung für die Rinderzucht ist z. B. ein großer Faktor bei der Zerstörung des tropischen Regenwaldes.

Seite 19

3 *Mögliche Nummerierung: siehe Lösung zu Seite 18, Aufgabe 2 Diese Gewichtung der Argumente ist natürlich nicht zwingend. Je nachdem, ob man sein eigenes Wohl, das der Tiere oder der Umwelt in den Vordergrund stellt, variiert die Reihenfolge. Bedenke jedoch, dass die Argumentation andere überzeugen soll.*

4 A: klare, unmissverständliche Formulierung; treffender Einstieg
B: Die Frage erzeugt Spannung, stellt den Kontakt zum Leser her.
C: sachliche, klare Formulierung

5 *Beispiele:*
A: „Meine These: Wer auf Fleisch verzichtet, lebt gesünder!"
B: „Warum wir auf Fleisch verzichten sollten? – Ich bin der Meinung, dass dies für jeden Einzelnen, aber auch für unsere Umwelt die beste Alternative ist."
C: „Einleiten möchte ich meine Argumentation mit der These, dass der Verzicht auf Fleisch zu einem gesünderen, umweltbewussteren Leben gehört."

6 *Reihenfolge der Konjunktionen und Adverbien:*
Zunächst; So; um; Außerdem; weil/da; indem; Auch/So/Außerdem

Seite 20

7 *Mögliche Gegenargumente:*
Obwohl viele Menschen glauben, dass der menschliche Körper Fleisch benötigt, muss man im Gegenteil festhalten, dass eine abwechslungsreiche vegetarische Kost (mit Getreide, Milchprodukten, Gemüse, Hülsenfrüchten und Eiern) nicht nur gesünder ist, sondern auch alle wichtigen Nährstoffe liefert.
Zwar ist die Meinung verbreitet, dass der menschliche Körper Fleisch benötigt und Vegetarier häufig an Mangelerscheinungen leiden, aber dies kann durch etliche Studien widerlegt werden.

8 *Beispiel:*
Warum wir auf Fleisch verzichten sollten? – Ich bin der Meinung, dass dies für jeden Einzelnen, aber auch für unsere Umwelt die beste Alternative ist. (These siehe Aufgabe 3)

(1) Zunächst ist zu sagen, dass uns etliche berühmte und kluge Persönlichkeiten als Vorbilder dienen. So waren zum Beispiel Leonardo da Vinci, Albert Einstein und der Forscher Alexander von Humboldt Vegetarier, um die Tiere zu schützen. (2) Außerdem ist vegetarische Ernährung heutzutage unproblematisch, weil es mittlerweile genügend Ersatzprodukte auf dem Markt gibt. Viele Vegetarier ergänzen ihre Ernährung, indem sie Produkte aus Soja, Tofu und Weizen als Fleischersatz essen. Auch bieten mittlerweile nicht nur Restaurants, sondern sogar Fastfood-Ketten vegetarische Burger und Gerichte an.

(3) Zusätzlich ist festzustellen, dass die Fleischproduktion der Umwelt schadet, weil die für die Rinderzucht benötigten Flächen eine der Hauptursachen für die Zerstörung des tropischen Regenwaldes sind. Auch der Wasserverbrauch würde durch den Verzicht auf Fleisch enorm gesenkt, da für die Produktion von einem Kilogramm Fleisch 400 Mal mehr Wasser benötigt wird als für die Herstellung von einem Kilogramm Weizen. Folglich ist es gelebter Klima- und Umweltschutz, wenn man sich vegetarisch ernährt.
(4) Besonders wichtig ist jedoch der Tierschutz. Damit unser Fleischhunger gestillt wird, müssen täglich über 100 000 Tiere in Schlachthäusern sterben. Außerdem leiden unzählige Tiere Qualen in der Massentierhaltung. Vor diesem Leid darf niemand die Augen verschließen.
(5) Letztlich sollte die Tatsache, dass Vegetarier gesünder leben, jeden überzeugen. So zeigen Untersuchungen, dass Vegetarier seltener an Krebs, Diabetes und Herz-Kreislauf-Erkrankungen leiden. Darüber hinaus haben sie seltener Übergewicht. Eine Studie des Deutschen Krebsforschungszentrums belegt sogar, dass Vegetarier im Durchschnitt länger leben als Fleischesser.

(Gegenargument) Obwohl viele Menschen glauben, dass der menschliche Körper Fleisch benötigt, muss man im Gegenteil festhalten, dass eine abwechslungsreiche vegetarische Kost (mit Getreide, Milchprodukten, Gemüse, Hülsenfrüchten und Eiern) nicht nur gesünder ist, sondern auch alle wichtigen Nährstoffe liefert.

9 *Einleitung:*
Thema genannt: erfüllt; Bedeutung erläutert: erfüllt („Mehr als 6 Millionen Vegetarier" = gesellschaftliche Bedeutung); Interesse geweckt: erfüllt (indirekte Frage erzeugt Spannung und eine Erwartungshaltung; die Bemerkung in Klammern deutet die Meinung an und weckt Neugier)
Schluss:
Fazit gezogen: nicht erfüllt (keine allgemeine Aussage, der klare Bezug zum Thema wird nicht deutlich); Bezug zur Einleitung hergestellt: nicht erfüllt (Antwort auf die indirekte Frage bleibt aus); These/Forderung formuliert: nicht erfüllt (anstatt der abschließenden These/Forderung folgen hier an unpassender Stelle ein neues Argument sowie ein bereits verwendetes Beispiel)

10 *Beispiel für eine Einleitung:*
Millionen Menschen in Deutschland ernähren sich bereits heute vegetarisch – und mit jedem neuen Fleischskandal werden es mehr.
Beispiel für einen Schluss:
Aufgrund aller oben angeführten Argumente komme ich zu dem Schluss, dass man sich für seine eigene Gesundheit und zum Schutz von Tier und Natur vegetarisch ernähren sollte. Dass sich mittlerweile mehr als 6 Millionen Menschen in Deutschland dazu entschieden haben, ist ein deutlicher Schritt in die richtige Richtung.

Seite 21 – Teste dich!

1 *Die jeweils zusammengehörigen Argumente und Beispiele/Belege stehen hier zueinander sortiert untereinander.*

T Wir brauchen Gesundheitsunterricht als Fach an den Schulen. [1]

A Durch eine frühere Aufklärung ließen sich eine Menge Krankheiten und Folgekosten vermeiden. [3]
B Allein die Behandlung von Krankheiten als Folge von Übergewicht kostet Milliarden Euro.

A Die meisten Jugendlichen ernähren sich zu schlecht. [3]
B Sie trinken Softgetränke und essen zu viel Fastfood.

A Wer über richtige Ernährung forscht und lernt, überträgt dies auch auf sein Leben. [3]

B Aufklärungsprojekte in anderen Ländern haben erfolgreich zur Änderung des Essverhaltens Jugendlicher beigetragen.

A Das Wissen über die Eigenschaften und das Zubereiten
von Lebensmitteln ist stark zurückgegangen. `3`

B Viele Jugendliche kennen z. B. Kartoffelpüree nur als Pulver aus einer Verpackung.

2 *Mögliche passende Gelenkwörter:* `9`
<u>Aber/Doch</u> es gibt auch kritische Haltungen gegenüber der
Forderung nach einem Schulfach Gesundheitsunterricht. <u>So</u>
meinen diese Kritiker, ein solches Fach sei kaum vorstellbar,
<u>weil/da</u> der Stundenplan kein zusätzliches Fach „aushalte".
<u>Außerdem</u> werde das Thema Gesundheit bereits unterrich-
tet, <u>sodass</u> die Forderung auch inhaltlich überflüssig sei.
<u>Denn</u> Teilbereiche des Themas seien sowohl im Biologie- als
auch im Sport- und Chemieunterricht Inhalte der Lehrpläne.
<u>Demnach/Folglich</u> könne es eine sinnvolle Aufgabe sein, fä-
cherübergreifende Projekte zu organisieren.
<u>Obwohl</u> Gesundheitsunterricht ein gut gemeinter Fächer-
vorschlag sei, überfordere er die Schule. <u>Außerdem/Daher</u>
<u>Zunächst</u> müsse man in dieser Hinsicht die Familien stärker
in die Verantwortung nehmen.

3 1 Bezug zur Einleitung `4`
2 Argumentation steigernd aufbauen
3 Argumente mit Beispielen und Belegen stützen
4 Gegenargument entkräften

`26 erreichbare Punkte`

Seite 22

1 A <mark>Der Schüler</mark> geht mit <u>seiner Freundin</u> ins Kino. Eine Stunde
vor Beginn des Films holt <u>er</u> <u>sie</u> von zu Hause ab.

B <mark>Der Film</mark> muss allerdings mehrfach vom <mark>Filmvorführer</mark> neu
gestartet werden. <u>Er</u> hatte <u>ihn</u> nicht richtig eingelegt.

C <mark>Johann</mark> hat <mark>Katharina</mark> nach dem Film <mark>eine Pizza</mark> versprochen,
<u>er</u> will <u>sie</u> <u>ihr</u> schenken.

2 a) + b)
Die Glasscheibe, <u>die</u> (5 Relativpron.) Karl immer noch von <u>ihr</u>
(1 Personalpron.) trennt, spiegelt die schwarzen Buchstaben wider, <u>die</u> (5 Relativpron.) auf dem blauen Besucherkittel genau
über <u>seiner</u> (2 Possessivpron.) Brust stehen: AU III. Das ist die Abkürzung für „Artificial Uterus III". Hier fing <u>es</u> (1 Personalpron.)
an, hier fing er (1 Personalpron.) an. Karl sieht sie (1 Personalpron.) durch das beschlagene Glas, <u>seine</u> (2 Possessivpron.) Mutter, die Maschine, <u>seine</u> (2 Possessivpron.) Maschinenmutter.
Dort steht <u>sie</u> (1 Personalpron.), in sanftes Licht getaucht. <u>Meine</u>
(2 Possessivpron.) Mutter ist eine Maschine. <u>Ich</u> (1 Personalpron.)
bin ein Maschinenkind.
<u>Er</u> (1 Personalpron.) möchte aufschreien, <u>sich</u> (7 Reflexivpron.)
<u>dieses</u> (3 Demonstrativpron.) Bild von der Seele schreien. Hier
steht <u>er</u> (1 Personalpron.), der erste Maschinenmensch, geboren
1999. „Seht her, <u>ich</u> (1 Personalpron.) bin <u>es</u> (1 Personalpron.)",
möchte <u>er</u> (1 Personalpron.) rufen. „<u>Man</u> (4 Indefinitpron.) nennt
<u>mich</u> (7 Reflexivpronomen) den Kalten Karl. Zu Recht wohl, die
Schraube fällt nicht weit von der Maschine."
Karl schließt die Augen. <u>Er</u> (1 Personalpron.) will <u>diese</u> (3 De-
monstrativpron.) Mutter nicht mehr sehen.

c) Interrogativpronomen

Seite 23

3 b) In der Pizzeria treffen Johann und Katharina auf Klassenkameraden. <u>Sie/Diese</u> waren auch im Kino. Johann und Katharina
erzählen <u>ihnen</u> die schönste Filmszene. Für <u>sie</u> war <u>es</u> die Szene, in der der Held die Heldin befreit. <u>Sie</u> fällt <u>ihm</u> um den Hals
und die beiden gehen dem Sonnenuntergang entgegen. Den

Klassenkameraden hat eine andere Szene besser gefallen.
<u>Sie</u> mochten besonders die Verfolgungsjagd auf dem Motor-
rad. <u>Sie</u> erzeugte Spannung und bereitete <u>ihnen</u> eine Gänsehaut.

4 A: immer; B: überall; C: fort; D: vielleicht; E: Nachmittags;
F: rückwärts; G: darum; H: draußen

Seite 24

1 A <u>lesen</u> – geschieht regelmäßig
B <u>nutzt</u> – geschieht regelmäßig
C <u>sitzt</u>; <u>liest</u> – geschieht gerade
D <u>erscheint</u> – geschieht in der Zukunft

2 b) + c)
wird ... diskutiert: Präsens, *Begründung:* gegenwärtiges Geschehen; hatten ... bemängelt: Plusquamperfekt; lieferte: Plusquamperfekt; ließ: Präteritum; ankommt: Präsens, *Begründung:*
zukünftiges Geschehen; entwickelte: Präteritum; ermitteln sollte: Präteritum; kam heraus: Präteritum; vermisst hatten: Plusquamperfekt; nannten: Präteritum; wurde gewünscht: Präteritum; wird ... überlegen: Futur; liegen: Präsens, *Begründung:*
gegenwärtiges Geschehen

Seite 25

3 *Präteritum:* <u>unterstrichen</u>;
Plusquamperfekt: <mark>grau hinterlegt</mark>

In einer der armseligen Hütten der nördlichen Vorstadt, die mit
ihren Höfen und Ziegenställen bis an den Rand der Weinberge
<u>hinaufkletterten</u>, <u>schrie</u> in der Nacht ein Kind und <u>begann</u>, jäm-
merlich und anhaltend zu weinen. Die Mutter <u>stand</u>, als das Zerren am Wiegenband nichts <u>half</u>, endlich auf, um den kleinen
Schreihals unter sanftem Schütteln und Liedchensummen in der
Stube herumzutragen, wie es von alters her bewährt ist bei solchen Anfällen.
Nach einer Weile <u>wunderte</u> sie sich, wie hell es von draußen <u>her-
einschimmerte</u> durch die fadenscheinige Leinwand, die vor dem
Fenster <u>hing</u>. Sie <u>hob</u> das Tuch beiseite und <u>schrak</u> zurück vor
der leuchtenden Pracht, die draußen über Hügel, Stadt und
Strom ausgebreitet <u>war</u>.
Ein paar Stunden später <u>wurde</u> es Tag, ein leuchtender klarer
Maimorgen, nur kälter als sonst um diese Jahreszeit. Als die Frau
die Haustür <u>öffnete</u>, <u>schrie</u> sie laut. Der gleiche Schrei <u>ertönte</u> um
dieselbe Zeit vor vielen Hütten dort oben am Rand der Weinber-
ge, bald auch auf den Gassen und aus den Fenstern der Stadt. Jeder, der einen Blick auf die Weinberge <u>tat</u>, die rings im Kranz die
Stadt <u>umgaben</u>, <u>stieß</u> ihn aus oder <u>sprach</u> ein Stoßgebet. Wo gestern noch junges Rebengrün <mark>geleuchtet hatte</mark>, <u>hing</u> das Laub
schwarz wie versengt von den Ranken, vernichtet von einem
Nachtfrost, wie es sich so spät im Jahr seit Menschengedenken
nicht <mark>begeben hatte</mark>: an einem 27. Mai. Auch das Korn, das schon
in Blüte <mark>gestanden hatte</mark>, <u>war erfroren</u> und eine Missernte gewiss, noch schlimmer als in den letzten beiden Sommern. Wer
<mark>hatte</mark> das <mark>verschuldet</mark>? Wie <mark>hatten</mark> die Unholde und Hexen so viel
Macht <mark>gewinnen können</mark>? Warum <u>hinderte</u> sie niemand? Wo
<u>blieb</u> des Bischofs geistliche und weltliche Macht?

4 stellten, verfügte, beeinflussten, auftraten, zerstörten, war,
abhielten, tanzten, sprach, aufnahmen, verwandelten

7

Seite 26

[1] vorbereitet wurde: Präteritum; erfüllt worden sind: Perfekt; verabschiedet worden waren: Plusquamperfekt; empfangen … aufgenommen wurden: Präteritum; gesprochen wird: Präsens; wurden … aufgefordert: Präteritum; bin … korrigiert worden: Perfekt
Umformung:
Als unsere Lehrerin den Italienaustausch vorbereitete, …
…, dass Land und Leute meine Erwartungen vollständig erfüllt haben. (oder: … meine Erwartungen haben sich erfüllt.)
Nachdem unsere Eltern uns verabschiedet hatten, …
…, wo unsere Gastfamilien uns nach einer langen Reise freundlich und mit offenen Armen empfingen und aufnahmen.
…, weil man in Italien sehr schnell spricht.
Unsere Gastfamilien forderten uns auch immer wieder auf, …
Meine Gastschwester Giorgia hat mich auch noch korrigiert, …

[2] wurde … begrüßt; sind … geführt worden; wurden … gezeigt; war … vorbereitet worden; bin … eingeladen worden

Seite 27

[1] *Indikativ:* unterstrichen;
Konjunktiv I: grau hinterlegt

Das Schulfest, das am kommenden Freitag gefeiert wird, soll ein voller Erfolg werden. Alle Klassen haben sich etwas Besonderes einfallen lassen. Der größte Teil des Erlöses wird an eine Umweltschutzorganisation gespendet. Das sei in den Mitwirkungsgremien der Schule so beschlossen worden, erklärte die Vertrauenslehrerin, Frau Glück. Darüber hinaus unterstütze die Schule aber auch verschiedene Projekte vor Ort.
Die Jahrgangsstufe 8 erhofft sich durch ihre Idee einen großen Andrang. Sie stellt das Wissen der Besucherinnen und Besucher auf die Probe. Dabei handele es sich um Fragen aus den verschiedensten Bereichen, betont Zeynep. Sie selbst habe aber Schwierigkeiten bei den Aufgaben gehabt. Die Fragen seien schon schwierig. Insbesondere die Bereiche Deutsch, Physik und Mathematik stehen auf dem Programm. Eine Aufgabe aus dem Fragenkatalog lautet: Wie heißt der Genitiv Plural des Nomens „das Haar"?
Bei dieser Aufgabe seien viele Schülerinnen und Schüler gescheitert, stellt Daria fest. Eigentlich, so fährt sie fort, dürfe das nicht sein. Es handele sich um Stoff aus der Unterstufe.
Daria schreibt noch an die Tafel: Wir hoffen, dass die Besucherinnen und Besucher viel Spaß haben, und wünschen allen ein tolles Schulfest mit einem ordentlichen Erlös.

[2] könne, habe, müsse, sei, komme, gebe, seien, treffe, stehe, dürfe, wolle

Seite 28

[3] a) stände, könnten, bekämen, wären, jammerten, abhielten, hätten, fänden, hätten, bekämen, könnten, wäre, wegführe, träfe

b) „Wenn wir nicht die ganze Zeit jammern und uns dadurch von der Arbeit abhalten würden, hätten …"

Seite 29

[4] habe, seien, würden vermissen, würden kennen, sei, beibrächten, fänden

[5] komme, enthalte, böten, fehle, gäben, bekämen, sähen, würden … verkaufen

Seite 30

[1] *Beispiele:*
Adriana sagt: „Ich freue mich auf unsere Klassenfete. Wir werden bestimmt viel Spaß haben."
„Das hoffe ich auch. Wenn Timo die Musik übernimmt", erwidert Marten, „kann eigentlich nichts schiefgehen."
„Ist Timo denn überhaupt schon gefragt worden?", fragt Claudia.
Stefania antwortet: „Ich bin mir nicht sicher."
Carl stellt fest: „Das kann ja wohl nicht wahr sein. Seid ihr nicht für die Planung zuständig?"

Seite 31

[2] a) + b)
indirekte Rede: unterstrichen;
Personalformen im Konjunktiv: grau hinterlegt

Dabei gehe es oft um Belanglosigkeiten, sagt Streitschlichter Jan. Ziel einer Schlichtung sei es, dass die beiden Streitparteien gemeinsam eine Lösung für ihr Problem finden und eine Vereinbarung treffen.
Allen Streitschlichterinnen und Streitschlichtern mache der Einsatz viel Freude, formuliert der begleitende Lehrer.

[3] Jan fährt fort, es komme immer wieder vor, dass ein Streit dadurch entstehe/entsteht, dass eine Schülerin einer anderen ohne zu fragen etwas wegnehme/wegnimmt. Was für sie manchmal Kleinigkeiten seien, könne für die Streitenden zu einem großen Problem werden.
Das sei auch wichtig, damit bei ihnen keine Unsicherheit entstehe, teilt Dilara mit.
Dadurch werde auch vermieden, dass sich eine Person am Ende als Siegerin fühle/fühlt, betont Jan.
Die Arbeit als Streitschlichterin mache ihnen viel Spaß. Sie hätten festgestellt, dass sie die Erfahrungen auch außerhalb der Schule gut gebrauchen könnten. Sie würden aber die Mitschülerinnen und Mitschüler noch einmal aufrufen, das Angebot intensiver zu nutzen.

Seite 32

[4] *Beispiele:*
Gülcan fragt Jonathan, ob er beim Köln-Marathon starten werde.
Jonathan antwortet, dass er unbedingt starten werde, weil das Publikum einfach klasse sei und die Stimmung alle anderen Marathonstädte toppe.
Gülcan will wissen, ob Jonathan sich vorstellen könne, nicht am Köln-Marathon teilzunehmen.
Jonathan erwidert, dass er sich das nicht vorstellen könne. Seit er denken könne, sei er als Zuschauer beim Köln-Marathon gewesen. Jetzt wolle er selbst mitlaufen.
Gülcan erkundigt sich, ob er die ganze Strecke zurücklegen werde.
Jonathan entgegnet, er sei sich noch nicht sicher, aber die Strecke von 42,195 Kilometern beeindrucke ihn schon. Vielleicht laufe er auch nur die halbe Strecke.
Wie seine Marathonzukunft aussehe, fragt ihn Gülcan.
Jonathan teilt mit, er werde sich auf die kommenden Marathonläufe vorbereiten. Ihn habe das Fieber gepackt.

Seite 33

5 Zitat, Umschreibung

6 Indirekte Frage: Max fragt, ob es in den drei Jahren auch negative Erlebnisse gegeben habe.
Indirekte Rede: Gülcan antwortet, sie seien am Anfang sogar ausgelacht worden.

Indirekte Frage/Rede: Auf Max' Frage, warum sie trotzdem weitergemacht hätten, antwortet Gülcan, dass sie nicht hätten aufgeben wollen. Außerdem habe sie zusammen mit ihren Freundinnen Sport treiben wollen. Sie freue sich jedes Mal auf ihr Training.

Paraphrase: Carina wird von Max nach einem herausragenden Erlebnis gefragt.
Paraphrase mit Zitat: Sie verweist auf ihr erstes Tor bei einer wichtigen Begegnung, das sie „total stolz" gemacht habe.

Indirekte Frage: Monika wird von Max gefragt, ob sie sich vorgestellt hätten, über eine so lange Zeit gemeinsam zu spielen.
Indirekte Rede mit Zitat: Monika antwortet, sie hätten nicht geglaubt, dass ihr Team so lange bestehen bleibe. Sie betont, der Erfolg bestätige, „dass Mädchen für diesen Sport geeignet" seien, wie ja auch die Frauen-WM bewiesen habe.

Seite 34

1 Max: muss
Gülcan: können
Franziska: wollen, müssen
Jannik: dürfen
Sofie: meint

2 *Mögliche Sätze:*
Die Artikel müssen noch besser geschrieben werden.
Für jeden soll ein Exemplar gedruckt werden.
Wir können alle Lehrkräfte vorstellen.
Wir wollen/müssen alles im Team absprechen.
Wir wollen Kritik von Schülerinnen und Schülern annehmen.
Wir wollen Anregungen annehmen.
Wir wollen/müssen uns regelmäßig treffen.
Wir können interessante Menschen vorstellen.

Seite 35 – Teste dich!

1 A: Plusquamperfekt, Präteritum   5
B: Präteritum
C: Perfekt
D: Futur

2 *Richtig sind:*   2
D + E

3 sie schreibe: Konjunktiv I; er läse: Konjunktiv II; ihr müsset: 5
Konjunktiv I; du gäbest: Konjunktiv II; sie berichte: Konjunktiv I

4 Franziska meinte, sie habe sich nicht vorstellen können, so   2
viele Exemplare zu verkaufen.
Gülcan erwiderte, sie würden ihr Licht oft unter den Scheffel stellen. Das müsse nicht sein.

5 Notwendigkeit, Möglichkeit, Absicht/Vorsatz   3

11 erreichbare Punkte

Seite 36

1 B In Bildern und Sprechblasen | wird | die Geschichte von Peter Parker | erzählt.
C 1962 | erschien | der erste Spider-Man-Comic | in Form einer Fortsetzungsgeschichte.
D Spider-Man | wurde | in Deutschland | erstmals 1966 | veröffentlicht.
E Die deutsche Fassung | blieb | wegen Schwierigkeiten des Verlags | lückenhaft.
F Den Leserinnen und Lesern | fehlten | immer wieder | einzelne Episoden.
G Seit 1998 | bringt | der Marvel-Verlag | in Deutschland | die deutsche Fassung des Comics | heraus.

2 *Mögliche Umstellungen:*
In Amerika heißt Spider-Man „The Amazing Spider-Man".
Die Geschichte von Peter Parker wird in Bildern und Sprechblasen erzählt.
Der erste Spider-Man-Comic erschien 1962 in Form einer Fortsetzungsgeschichte.
In Deutschland wurde Spider-Man erstmals 1966 veröffentlicht.
Wegen Schwierigkeiten des Verlags blieb die deutsche Fassung lückenhaft.
Immer wieder fehlten den Leserinnen und Lesern einzelne Episoden.
Der Marvel-Verlag bringt seit 1998 in Deutschland die deutsche Fassung des Comics heraus.

3 *Prädikative:*
Satz A: „The Amazing Spider-Man"; **Satz E:** lückenhaft

Seite 37

4 Arno will einen eigenen Film (1) drehen. Dem Superhelden (2) soll darin eine weibliche Superheldin zur Seite stehen. Ihr möglicher Name ist dem Hobbyregisseur (2) allerdings noch nicht klar. Hannah soll sich den Namen (1) und die passende Geschichte (1) dazu ausdenken. Die beiden sind sich der Schwierigkeiten (3) dieser Aufgabe bewusst und beginnen sofort, Ideen (1) zu sammeln: Weil Peter Parker während eines Museumsbesuchs fasziniert eine Mumie (1) betrachtet, wird er versehentlich in dem Gebäude (3) eingeschlossen. In der Nacht will der gefährliche Mister Electric wertvolle Gemälde (1) stehlen. Als Peter dann als Spider-Man einschreitet, überwältigt er zwar einen Mittäter (1), jedoch kann er den Stromstößen seines Gegners (2) nicht standhalten und wird gefesselt. Dann tritt die Superheldin auf. Sie befreit den wehrlosen Spider-Man (1), gibt dem überraschten Helden (2) unvermittelt einen Kuss und setzt den Dieben (2) hinterher.

5 *Präpositionalobjekte und dazugehörende Verben:* unterstrichen;
Prädikative: grau hinterlegt

Hannahs Heldin heißt Braingirl und im normalen Leben Lara. Lara will später Tierärztin werden und hofft deshalb auf einen erfolgreichen Schulabschluss. Um gegen das Böse zu kämpfen, schlüpft sie in ihren Superheldenanzug. Der Anzug ist gelb. Er ist mit vielen Formeln versehen. Seit ihrem zwölften Lebensjahr trauert sie um ihre Eltern, die bei einem Verkehrsunfall gestorben sind. Seitdem kümmert sie sich um ihren kleinen Bruder Jonas. Jonas ahnt nichts von Laras Doppelleben. Seit dem Treffen im Museum schwärmt sie für Spider-Man.

9

Seite 38

6 *adverbiale Bestimmungen der Zeit:* einfach unterstrichen;
adverb. Best. des Ortes: **fett unterstrichen**;
adverb. Best. der Art und Weise: mit Punktlinie unterstrichen;
adverb. Best. des Grundes: grau hinterlegt

Bereits 1967 wurde eine erste Cartoon-Serie (Comic-Film) **in Amerika** produziert. Seit Ende der Siebzigerjahre lief einige Zeit eine Fernsehserie **in den USA**. Drei Doppelfolgen der Serie liefen mit nur geringem Erfolg **in den deutschen Kinos**. Wegen des niedrigen Budgets hatten die Filme nur mäßige Qualität. Noch mehrere Male scheiterten Versuche, den Stoff zu verfilmen. Sam Raimis Spider-Man-Verfilmung brachte im Jahre 2002 den großen Durchbruch. Im Erfolgsfall sollten weitere Teile produziert werden. Der Film war **weltweit** ein Kassenschlager. Der Hauptdarsteller Tobey Maguire wurde überraschend weltberühmt. Dem erfolgreichen ersten Teil folgten in den Jahren 2004 und 2007 die Teile zwei und drei. Der dritte Teil war mit einem Budget von 258 Millionen US-Dollar der teuerste Film aller Zeiten.

7 Vor dem Filmstart wurde ein Werbespot zurückgezogen. Spider-Man fängt einen Hubschrauber mit einem Netz, das er **zwischen zwei Türme** gespannt hat. Im Film gibt es nach exakt 53 Minuten eine Einstellung, in der man das World Trade Center sieht. Man kann **in den Augen von Spider-Man** die beiden Türme als Spiegelbild erkennen, die jedoch inzwischen dem Terroranschlag vom 11. September 2001 zum Opfer gefallen waren. Der Werbespot mutete nach diesem schrecklichen Vorfall geschmacklos an.

Seite 39

8 Der elternlose (2) Peter Parker | lebt | bei der Familie seines Onkels (1). In der Schule | ist | der schüchterne (2) Peter | der Außenseiter | mit einer Hornbrille (3). Bei einem Besuch in einem Forschungslabor | wird | er | von einer genetisch manipulierten (2) Spinne | gebissen. Er | entwickelt | ungeahnte (2) Superkräfte und | wird | Spider-Man. Das Leben mit der Doppelrolle (3) | hat | für Peter | jedoch | auch Nachteile: So | gerät | er | häufig | in heftige (2) Gewissenskonflikte. Besonders | die Liebe zu seiner Klassenkameradin Mary Jane (3) | bringt | ihn | immer wieder | in schwierige (2) Situationen. Es | geht | bei der Geschichte | also | auch | um die Entwicklung des jungen Helden (1). Er | muss | lernen, | die Verantwortung eines Erwachsenen (1) | zu tragen.

9 A Eine bestimmte Szene des Films, die Kussszene zwischen Mary Jane und Spider-Man, ist besonders berühmt geworden.
B Die Musik Danny Elfmans, des amerikanischen Filmkomponisten, hat auch zum Erfolg des Films beigetragen.
C Der Film von Sam Raimi, dem bekannten Hollywood-Regisseur, weicht an einigen Stellen bewusst von der Comic-Vorlage ab.

Seite 40

1 *Hauptsätze:* grau hinterlegt;
Nebensätze: kursiv;
Konjunktionen: unterstrichen

Leistungssportler trainieren das Zusammenspiel aller für eine Bewegung wichtigen Muskeln, *damit Leistungsreserven für den Spitzensport erschlossen werden. Wenn der sportliche Gegner in Sachen Kraft, Ausdauer und Schnelligkeit auf demselben Niveau ist,* können über Koordination und Beweglichkeit Vorteile herausgeholt werden. Auch die Verletzungsgefahr sinkt, *weil man flexibler und schneller reagieren kann. Da die Fitness-Industrie dieses Bedürfnis erkannt hat,* wurden immer neue Übungen zum Koordinationstraining entwickelt. Viele Übungen führt man auf einem Bein stehend aus, *während das andere Bein bewegt wird.*

2 b) *Mögliche Satzreihen:*
A Im Alltag fällt Konzentration manchmal schwer, aber knifflige Denksportaufgaben stärken die grauen Zellen.
B Das Gehirn ist kein Muskel, aber die Verbindungen zwischen den Gehirnzellen können trainiert werden.
C Gehirnjogging macht nicht intelligenter, denn der Mensch lernt durch Denksportaufgaben nichts Neues.
D Häufige Übung macht den Meister, denn man trainiert das Gedächtnis und das logische Denken.

Seite 41

3 Die Lage von Avalon ist schwer nachzuweisen, weil die Kelten schriftliche Aufzeichnungen ablehnen. (4)
Obwohl das Bleikreuz vom Glastonbury Tor im 18. Jahrhundert verschwunden ist, gilt es im Volksmund bis heute als Hinweis auf König Artus' Grab. (7)
Der Hügel ragt aus dem nebeligen Sumpf hervor, sodass die Beschreibung von Avalon als Insel zutrifft. (3)

Seite 42

4 Obwohl; weil; sodass; Nachdem; indem; Wenn; damit; Als; während

5 *Beispiele:*
Die Plastiktüte ersetzte in den 1960er-Jahren, obwohl man heftig über die Wegwerfgesellschaft diskutierte, schnell die Tasche aus Papier.
Die Polyäthylen-Tragetasche war, weil der Rohstoff Erdöl damals sehr preiswert zu haben war, so überaus erfolgreich geworden.
Der Slogan „Jute statt Plastik" wurde, nachdem Beutel aus Jutefasern in Mode gekommen waren, zum geflügelten Wort.
Der Plastikbeutel wurde, wenn große Künstler beteiligt waren, sogar zum Kunstobjekt.
Der Aktionskünstler Joseph Beuys bedruckte, damit seine politische Botschaft gesehen wurde, für eine Kunstausstellung zehntausend Kunststofftaschen.

Seite 43

6 a) A <u>Infolge unserer Bequemlichkeit</u> werden rund fünf Milliarden Plastiktüten gekauft.

B <u>Wegen der Geräumigkeit der Plastiktüte</u> kaufen wir bis zu 21 Prozent mehr ein.

C Heute werden <u>durch die Benutzung des umweltfreundlichen Polyäthylens</u> giftige Abgase in der Müllverbrennung weit gehend vermieden.

D Seit den 1980er-Jahren werden die Tüten <u>der Einfachheit halber</u> hauptsächlich aus Polyäthylen produziert.

E <u>Auf Grund wachsenden Umweltbewusstseins</u> bemüht sich die Industrie um die Verwendung nachwachsender Rohstoffe für die Produktion von Tragetaschen.

F Eine sparsamere Verwendung von Plastiktüten würde die Umweltverschmutzung <u>durch geringeren Rohstoffverbrauch und weniger Müll</u> verringern.

b) *Mögliche Umformungen:*

A Rund 5 Milliarden Plastiktüten werden gekauft, <u>weil wir so bequem sind.</u>

B <u>Da die Plastiktüte so geräumig ist,</u> kaufen wir bis zu 21 Prozent mehr ein.

C Heute werden giftige Abgase in der Müllverbrennung weitgehend vermieden, <u>indem das umweltfreundliche Polyäthylen benutzt wird.</u>

D Seit den 1980er-Jahren werden die Tüten hauptsächlich aus Polyäthylen produziert, <u>weil das so einfach ist.</u>

E <u>Weil das Umweltbewusstsein wächst,</u> bemüht sich die Industrie um die Verwendung nachwachsender Rohstoffe für die Produktion von Tragetaschen.

F Eine sparsamere Verwendung von Plastiktüten würde die Umweltverschmutzung verringern, <u>weil weniger Rohstoffe verbraucht und weniger Müll produziert würden.</u>

Seite 44

1 + 2

Konjunktion dass: grau hinterlegt;
Verben oder Wortgruppen, die die Nebensätze mit dass einleiten: mit Punktlinie unterstrichen

Ihr könnt mir <u>glauben</u>, dass ich schon lange nicht mehr so ein spannendes Buch gelesen habe. (O) Man merkt beim Lesen kaum, dass es langsam spät und später wird. (O) Dass das ein echter Psychothriller ist, <u>bezweifelt</u> wohl niemand. (O) Es ist <u>toll</u>, dass es solche Bücher gibt. (S) Worum es geht?
Es geht um einen Jungen namens Jeff. Man <u>erfährt</u>, dass er mit seinen Eltern in einer Kleinstadt in den USA lebt. (O) Die Familie <u>hofft</u>, dass sie dort ein neues Leben aufbauen kann. (O) Jeff <u>meint</u> eigentlich, dass er glücklich ist. (O) Aber auch ein bisschen gelangweilt. Er ist verliebt, spielt gern Fußball und ist leidlich gut in der Schule. Es ist <u>offensichtlich</u>, dass er einer von uns sein könnte ... (S)
Dann wird eines Tages Jeffs älterer Bruder Joy aus dem Gefängnis entlassen und <u>entscheidet</u>, dass er wieder bei seiner Familie leben will. (O) Die Eltern sind <u>überzeugt</u>, dass Joy wieder auf die rechte Bahn zurückfinden wird. (S) Dass Joys Vorleben in der Stadt verborgen bleibt, <u>bezweifelt</u> Jeff jedoch. (O) Zu Recht. Es ist <u>typisch</u>, dass schnellstens alle Bescheid wissen. (S) Joy ist ein Mörder. Und Jeff hat Angst vor ihm. Bald <u>geschieht es</u>, dass ein Mitschüler verschwindet. (S) Der ganze Schrecken geht von vorn los! Aber lest selbst!

Seite 45

1 a) + b)

Dort besuche ich die Schule und wohne in einer <u>Gastfamilie</u>, die ich mir selbst ausgesucht habe.
Mit 16 Jahren kann ich im Ausland schon <u>Erfahrungen</u> machen, die für meine schulische und berufliche Zukunft wichtig sind.
Ich möchte später einen abwechslungsreichen <u>Beruf</u> haben, der mir gut gefallen und finanzielle Unabhängigkeit geben soll.
Ich kann mir vorstellen, in <u>Brasilien</u> zu wohnen, das zu den wärmsten Ländern gehört.

Seite 46

2 Ich wünsche mir vor allem, <u>dass</u> ich meine Ausbildung schaffe und meine Freundin ihr Abitur. Ich denke, <u>dass</u> wir uns dabei gegenseitig unterstützen. ... Dies heißt auch, <u>dass</u> wir beide im Beruf die gleichen Chancen haben. ... Aber ich hoffe sehr, <u>dass</u> das dabei bleibt. Mein Traum ist es, <u>dass</u> ich später trotz eines guten Berufes noch viel Zeit für meine Familie haben werde, denn die Familie ist das Wichtigste überhaupt. Sie steht einem immer bei, ist wie ein Nest, <u>das</u> einem Schutz bietet. Mein Vater verdient viel Geld, <u>das</u> er sich als Rechtsanwalt mit großem Zeitaufwand erarbeiten muss. Mein Ziel ist ein angenehmes Leben, <u>das</u> auch ohne viel Geld möglich ist.

3 Mein Traum ist, <u>dass</u> ich am Ende eines jeden Tages nach Hause komme und dort jemand auf mich wartet, der für mich da ist. Ich hoffe, <u>dass</u> ich später auch noch so gute Freunde habe wie jetzt, vielleicht sogar noch dieselben. Ich wünsche mir, <u>dass</u> man sich in meinem Haus, <u>das</u> für meine Freunde immer offen steht, auch in zehn Jahren noch trifft. Das Leben, <u>das</u> nach meinem Abitur stattfindet, soll weiterhin geprägt sein von der Musik, die ich mit meiner Band Killerpilze schreibe, spiele, singe und produziere.

Seite 47

1 Kunst im Vorübergehen oder Beschädigung fremden Eigentums? Man muss vieles berücksichtigen, <u>um diese Frage zu beantworten.</u> Um Graffitis zu sehen, muss man nicht in einer Großstadt leben. Die meisten jungen Sprayer scheuen keine Mühe, <u>um sich in Szene zu setzen.</u> Sie hinterlassen überall ihre individuellen Schmuckstücke: „Tags", also unterschriftenartige Kürzel, „Pieces", großflächige Bilder, oder auch „Characters", wie die figürlichen Darstellungen genant werden.
Hausbesitzer lassen sich gern dazu hinreißen, <u>über Vandalismus und reine Zerstörungswut zu klagen.</u> Um ihre Verärgerung zu verstehen, muss man ihre Situation betrachten. Schließlich zwingt sie die unerwünschte „Verschönerung" ihrer Gebäude dazu, <u>die Entfernung der Kunstwerke teuer zu bezahlen.</u>
Es ist jedoch nicht anzunehmen, dass die Sprayer den Nervenkitzel suchen oder gar etwas zerstören wollen. Eine Untersuchung der Universität Potsdam brachte anderes zutage. Die jungen Männer gaben an, <u>Kreativität, ein Gefühl der Dazugehörigkeit und Selbstbestätigung im Wettkampf mit anderen zu suchen.</u>

2 Man sollte in jedem Ort bestimmte Wände freigeben, um sie legal mit Graffiti bemalen zu lassen. Das verschafft den Sprayern Gelegenheit, sich auszutoben. Es gibt den Hausbesitzern das Gefühl, ihr Eigentum zu schützen. Und es eröffnet den Menschen auch weiterhin die Chance, mit Kunstwerken überrascht zu werden.

1 Eine <u>Satzreihe</u> besteht aus zwei oder mehr Hauptsätzen, zwischen denen ein <u>Komma</u> steht.
Die Bindewörter *und, oder, aber* und *denn* sind Konjunktionen, die vorwiegend <u>Hauptsätze</u> verbinden.
Vor <u>und</u> und <u>oder</u> kann ein Komma stehen.
Vor <u>aber</u> und <u>denn</u> muss ein Komma stehen.   [7]

2 einem Hauptsatz und einem abhängigen Nebensatz.   [1]

3
1. als, während, <u>nachdem</u>, bis   [8]
2. falls, sofern, <u>wenn</u>
3. sodass (so …, dass), <u>dass</u>
4. <u>weil</u>, da
5. –
6. ohne dass, <u>indem</u>
7. obgleich, wenngleich, <u>obwohl</u>

4 Adverbialsätze   [1]

5 Subjektsatz, Objektsatz   [2]

6 Die Fee Morgaine schritt durch das Flusstal, <u>das</u> zu Füßen   [3]
des „Ynys yr Afalon" lag.
Sie glaubte nicht, <u>dass</u> König Artus ihr Halbbruder war.
<u>Das</u> würde nur Kummer über das Land bringen.

7 Der Roman „Die Nebel von Avalon", der lange auf den Bestsellerlisten stand, ist spannend zu lesen.   [2]
Im Mittelpunkt steht die eifersüchtige Konkurrenz zwischen zwei starken Frauen, die beide König Artus lieben.

8 Merlin ist der Druide, der durch die Artussage berühmt wurde. Asterix-Fans wissen, dass Miraculix mindestens ebenso   [17]
berühmt ist. Aber was ist eigentlich ein Druide? Nachdem er
Gallien eingenommen hatte, beschrieb der römische Feldherr und spätere Kaiser Julius Cäsar seine Erlebnisse mit den
dort lebenden Kelten. Cäsar schrieb, dass viele junge Menschen die Druiden aufsuchten, um sich unterrichten zu lassen. Waren diese also Lehrer? Er berichtete ferner, dass Druiden Gottesdienste abhielten. Bei Streitigkeiten wurden sie
gebeten, diese zu schlichten. Man kann also davon ausgehen, es hier mit den weisen Männern des Volkes zu tun zu
haben. Etwa zeitgleich mit Cäsar schrieb der Römer Plinius
der Ältere über die Druiden. Er vermutete, dass sich ihr Name von den heiligen Eichen ableitete. Und er überlieferte
uns das Bild des Druiden im langen weißen Gewand, der mit
seiner Sichel Mistelzweige erntet.
Cäsar wiederum schilderte die jährlichen Treffen, die die
Druiden aus allen keltischen Stammesgebieten in Karnutum
zusammenführten, damit sie ihr Oberhaupt wählten. Obwohl man es nicht genau weiß, scheint Karnutum in der Nähe der französischen Stadt Orléans gelegen zu haben, die es
aber damals noch nicht gab.
Die Druiden selbst haben kein Wissen hinterlassen, denn sie
weigerten sich, etwas aufzuschreiben. Sie gaben ihre Weisheit nur mündlich weiter, sodass sie leider für immer verlorengingen.

> *41 erreichbare Punkte*

Seite 51

1 b) die Neophyten, die Pflanzen, die Völkerwanderung, das Jahrhundert, die Breiten, die Ursprungsländer, die Reisenden, die Pflanzen, die Aufklärung, das Beispiel, die Herkulesstaude, der Meter, die Staude, die Blüten, das Wetter, die Berührung, die Sonne, die Erscheinungen, die Blasenbildung, die Schwellungen, die Pflanze, die Blütenpracht, die Ausbreitung, die Kolonien, die Herkulesstauden, die Pflanze, die Blüte, die Städte, die Ausbreitung, die Pflanze, die Grünflächenämter, das Problem, die Anwohner

Seite 52

2 b) *Richtig sind:*
das Verachten, das Diskutieren, vieles Arbeiten, Das Aufstehen, betreten, Das Widersprechen, das Tyrannisieren, stammen, Das Charakterisieren, ändern, ihr Aufbegehren, das Fehlen, Sprechen, Das Aufziehen, verraten, das Aufregen, das Helfen, das Hören, das Lesen, beschreiben

3 *Mögliche Umformulierungen:*
Das zeigt sich dadurch, dass Autoritäten verachtet werden und darüber diskutiert wird, ob es sinnvoll sei, zu arbeiten.
Dass man aufsteht, wenn ältere Menschen das Zimmer betreten, das gibt es nicht mehr. / Wenn ältere Menschen das Zimmer betreten, wird nicht mehr aufgestanden.
Es ist eine typische Haltung der Jugendlichen, den Eltern zu widersprechen und Lehrer zu tyrannisieren.

Seite 53

4 *Beispiele:*
begleitende Wörter: <u>mit Punktlinie unterstrichen</u>;
Nominalisierungen: <u>einfach unterstrichen</u>;

<u>Das</u> <u>Veraltete</u> wurde durch <u>manches</u> <u>Neue</u> abgelöst.
<u>Wenig</u> <u>Innovatives</u> gab es jedoch auf dem Gebiet der Kraftfahrzeugtechnik.
<u>Von</u> <u>Elektronischem</u> ließen sich die meisten Besucher faszinieren.
Es gab <u>nichts</u> <u>Funktionsfähiges</u>, das nicht ausprobiert wurde.
<u>Das</u> <u>Spannende</u> war wie immer auch <u>das</u> <u>Wichtigste</u>.
Doch auch <u>weniger</u> <u>Innovatives</u> hat <u>ein</u> <u>Gutes</u>.
<u>Durch</u> <u>Neues</u> konnten nur wenige Firmen auftrumpfen.
Mittelpunkt der Messe war <u>alles</u> <u>Elektronische</u>.
Die Messe bewies, dass Deutschland <u>im</u> <u>Technischen</u> immer noch Weltklasse ist.
Für <u>jedes</u> <u>Neue</u> gab es eine eigene Präsentation.

5 *Richtig sind:*
die Kleinen, am größten, Viel Innovatives, am besten, nichts Negatives, schwierig, der Erste

Seite 54

6 *Beispiele:*
Aber jetzt ist erst einmal Mittagsfreizeit bis fünf vor zwei. Heute Nachmittag ist zwei Stunden lang AG. Morgen Vormittag habe ich Religion, WP1, Erdkunde, Deutsch und Mathe. Am Mittag findet noch eine Stunde Englisch statt und nachmittags habe ich Arbeitslehre. Ab sofort habe ich freitags keiner. Nachmittagsunterricht mehr und schon ab fünf vor eins frei. Die Woche beginnt montags mit zwei Stunden Deutsch, einer Stunde Englisch und ab zwanzig nach zehn einer Stunde Erdkunde. Ab zwanzig nach elf kann ich in einer Arbeitsstunde meine Hausaufgaben machen oder lernen. Am Nachmittag habe ich dann noch eine Stunde Mathe. Am Dienstagmorgen habe ich Sport, WP1 und Förderunterricht, danach bis fünf vor eins Klassenratsstunde.

Seite 55 – Teste dich!

1 (1) Adjektive schreibt man groß, wenn sie wie Nomen verwendet werden (S. 52, hier: nominalisiertes Adjektiv mit Mengenangabe „nichts").

(2) Verben schreibt man groß, wenn sie wie Nomen verwendet werden (S. 52, hier: nominalisiertes Verb mit Artikel „das").

(3) Die Tageszeit „Morgen" ist ein Nomen und wird großgeschrieben (S. 54).

(4) Verben schreibt man groß, wenn sie wie Nomen verwendet werden (hier: nominalisiertes Verb mit Artikel „dem").

(5) Verben schreibt man groß, wenn sie wie Nomen verwendet werden (hier: nominalisiertes Verb mit Pronomen „sein").

(6) Bei Tageszeiten werden Adverbien mit -s kleingeschrieben.

`6`

2 a) *Richtig sind:*

Am Montagnachmittag, Süß ist süß und Bitter ist bitter, das Erwartete, das Bitterste, leicht Bitterem, das Verarbeiten, nach Erwartung, Am Mittwoch, morgens, Zwitschern, Mit Versuchen

`14`

b) das Erwartete, das Bitterste, etwas leicht Bitterem, das Verarbeiten, schlichtem Zwitschern

`5`

`23 erreichbare Punkte`

Seite 56

1 das Radfahren, das Zähneputzen, das Klavierspielen, das Haarekämmen, das Segelfliegen

2 *Beispiele:*
Mia kann schnell schreiben.
Können Sie bitte langsam sprechen?
Bei Matherätseln muss man logisch denken.
Wer sich zu dick fühlt, der kann ja kalorienarm essen.
Am Wochenende kann er ausgiebig schlafen.
Sie kann Texte kritisch lesen und sich deutlich äußern.
Er kann das nicht gut finden.
Ich kann mir die Haare weiß färben.

Seite 57

3 Führerschein! Mein Bruder muss jetzt fahren üben.
Wochenende! Endlich faul im Bett liegen bleiben.
Hunger! Lass uns schnell etwas essen gehen.
Hausaufgaben? Bei dem Wetter soll man lieber baden gehen.
Liebeskummer! Die Dame hat ihn sitzenlassen.
Post! Die Briefmarke will nicht kleben bleiben.
Aufpassen! Mein Federmäppchen darf nicht verloren gehen (auch möglich: verlorengehen).

4 „Hallo, Laura, hast du gehört, im Jugendtreff soll heute richtig was <u>los sein</u>. Kannst du um fünf <u>da sein</u>?"
„Hi, Anna ... okay, ich muss aber erst mit den Hausaufgaben <u>fertig sein</u>. Und meine Ma muss aus der Stadt <u>zurück sein</u>, damit meine kleine Schwester nicht allein ist."
„Ich würde es ja langsam <u>leid sein</u>, immer auf die kleine Göre aufpassen zu müssen!"
„Ach nö, ich find's ganz schön, mit ihr <u>zusammen zu sein</u>. Außerdem wird die Aufpasserei bald <u>vorbei sein</u>, wenn sie in den Kindergarten kommt. – Also bis gleich!"

Seite 58 – Teste dich!

1 In der Regel schreibt man Wortverbindungen aus
Nomen und Verb, z. B.: <u>Auto fahren</u>, <u>Schlange stehen</u>
Adjektiv/Partizip und Verb, z. B.: <u>übrig bleiben</u>, <u>blendend verdienen</u>
Verb und Verb, z. B.: <u>laufen lernen</u>, <u>lesen üben</u>
getrennt

Verbindungen mit dem Verb *sein* werden immer <u>getrennt</u> geschrieben, z. B.: <u>da sein</u>, <u>fertig sein</u>

`12`

2 A3 – Nomen + Verb
B2 – Verb + Verb
C4 – Verbindung mit *sein*
D1 – Adjektiv + Verb

`8`

3 *Beispiele:*
A kennen gelernt
B Kino gehen
C Pizza essen
D aufregend sein

`4`

`24 erreichbare Punkte`

Seite 59

1 a), c) + d)
Fremdwörter: grau hinterlegt;
Wörter aus der englischen Sprache: unterstrichen;
eingesetzte Verben: **grau hinterlegt, fett**

Wie hat das Internet die Welt verändert? Es war in den frühen 1980er-Jahren, als sich ein Jugendfreund nicht mehr für die Experimente im Chemielabor interessierte, mit denen er seine freien Stunden im Keller verbracht hatte. Mit einem Mal hatte er etwas ganz anderes zum Basteln: elektronische Bausteinchen, Chips und dergleichen, die sich zu einem Heimcomputer **montieren** ließen, dem „Commodore 64", auch kurz „C 64" genannt. Nach geraumer Zeit, als der Freund uns bereits einen routinierten Umgang mit der neuen Entdeckung **demonstrierte** und seine helle Freude daran mit wenigen, eingeweihten Freunden teilte, waren wir unumstößlich davon überzeugt, unser Leben auch ohne den Segen dieser Erfindung meistern zu können. Wir hielten an unserer Überzeugung noch fest, als sich der Heimcomputer längst als Alternative zur Schreibmaschine empfohlen hatte.
Die globale Ausstattung des Alltags mit dem Heimcomputer aber war nicht aufzuhalten. Nun betrachten wir im Internet nicht mehr bloß eine abgebildete Welt wie vor dem Fernseher, deren Zugang uns versagt bleibt, sondern wir **kommunizieren** und handeln im Internet. Diese parallele soziale Welt ist uns eine vollkommen alltäliche Realität geworden. Wir richten uns in Chatrooms ein, vervielfältigen unser Dasein in Videoclips, regeln den Alltag online: spielen, suchen, finden, kaufen, planen, chatten, mailen, lesen. Wir leben im Internet, entwerfen unsere Existenz am Computer.

2 *Beispiele:*

Adjektiv/Partizip	Nomen	Verb
additiv	Addition	addieren
korrekt	Korrektur	korrigieren
erprobt, probiert	Probe	probieren
trainiert	Training	trainieren
ausradiert	Radierung	radieren
aggressiv	Aggression	–
relativ	Relation	relativieren
objektiv	Objekt	objektivieren
archiviert	Archiv	archivieren

riskant	Risiko	riskieren
grammatisch	Grammatik	–
subtrahiert	Subtraktion	subtrahieren
sozial	Sozialisation	sozialisieren
multipliziert	Multiplikation	multiplizieren
dividert	Division	dividieren
zensiert	Zensur	zensieren
passiv	Passiv	passivieren
aktiv	Aktiv	aktivieren

Seite 60

1 a) der Kranke, die Macke, die Zacke, denken, der Deckel,
das Ferkel, die Zecke
der Keller, die Kelten, die Welle, die Zelte, die Kälte, die Nullen
der Fremde, die Hemden, der Hammel, sammeln, bimmeln,
der Kümmel
die Murmel, murren, klirren, irren, die Warze, gurren,
die Karre
die Fröste, die Bremse, die Kresse, die Messe, lassen, messen,
der Muskel
die Glätte, die Mutter, die Kutsche, das Futter, die Rutsche,
der Lutscher
der Kratzer, die Scherze, die Sitze, die Spritze, die Pilze,
die Minze, hetzen

b) Die betonte erste Silbe mit kurzem Vokal endet mit einem
<u>Konsonanten</u> und ist geschlossen. ... Da die zweite Silbe mit
einem Konsonanten beginnt, stehen an der Silbengrenze <u>zwei</u>
Konsonanten.

2 der Ball – die Bäl le, die Nuss – die Nüs se,
der Gewinn – die Gewin ne, das Gebrüll – brül len,
das Gesetz – die Ge set ze, die Schifffahrt – die Schif fe, fahren,
das Betttuch – die Bet ten, das Tuch

Seite 61

3 *Stolperstellen:* <u>unterstrichen</u>;
Wortstämme: grau hinterlegt

ge<u>bück</u>t – büc ken, ver<u>setz</u>t – verset zen; ge<u>kipp</u>t – kip pen;
<u>buck</u>lig – der Buc kel; <u>klapp</u>bar – klap pen; <u>mess</u>bar – mes sen

be<u>kömm</u>lich– kom men; un<u>trenn</u>bar – tren nen;
ent<u>setz</u>lich – set zen; Be<u>kenn</u>tnis – ken nen;
Ver<u>damm</u>nis – verdam men

4 es ha<u>ll</u>t – hal len; es bli<u>tz</u>t – blit zen; sie spannt – span nen;
er mu<u>rr</u>t – mur ren; er ba<u>ck</u>t – bac ken; es su<u>mm</u>t – sum men;
sie na<u>nn</u>te – nen nen; er so<u>ll</u>te – sol len; sie wo<u>ll</u>te – wol len;
sie mu<u>ss</u>te – müs sen; sie ha<u>ss</u>te – has sen; er ra<u>nn</u>te – ren nen

Seite 62

1 b) Bei einem lang gesprochenen Vokal endet die erste Silbe mit
einem <u>Vokal</u>.

2

ah/äh	eh	oh/öh	uh/üh
die Zähne, die Mähne, die Gefahr, kahl, die Sahne, die Jahre, lahm, gähnen, fahren	stehlen, wehren, der Lehrer, der Fehler, sehr, der Lehm, die Lehne, kehren, die Kehle, mehr	bohnern, die Ohren, der Kohl, die Bohnen, die Kohle, bohren, föhnen	die Stühle, fühlen, die Kuhle

3 *Beispiele:*
Jahre: Jahrhundert, verjährt, sich jähren, volljährig, bejahrt
kehren: Straßenkehrer, verkehrt, Kehricht, kehrtmachen, Kehrt-
wende, Kehrmaschine
bohren: Bohrinsel, verbohrt, Bohrer
fühlen: Gefühl, fühlbar, gefühllos, Fühlung, gefühlsarm,
Gefühlschaos

4 b) ß schreibt man, wenn die erste Silbe mit einem <u>Vokal</u> endet.

5 die Klasse, vergessen, groß, der Kloß, der Fuß, heißen, vergaßen,
wissen, die Spieße, stoßen, die Küsse, süß, der Schuss, fleißig, der
Spaß, die Soße, schießen, schließen

Seite 63

1 a) + b)

Wörter mit **i**	Wörter mit **ie**
die Kin der, die Win de, wil der, die Bin de, blin der	die Lie be, die Die be, die Trie be, die Zie ge, die Zwie bel
Ergebnis: Die erste Silbe endet mit einem **Konsonanten**.	**Ergebnis:** Die erste Silbe endet mit dem **Vokal** <u>ie</u>.

c) Wenn bei Wörtern mit zwei Silben die erste Silbe mit einem
Konsonanten endet, schreibt man i. Endet die erste Silbe mit
dem Vokal i, dann schreibt man ie.

2 wild – wil der, lieb – lie ber, der Dieb – die Die be,
der Ring – die Rin ge, die Zier – zie ren, viel – vie le, mild – mil der,
das Lied – die Lie der, vier – die Vie ren, zieht – zie hen

3 der Spießbürger – der Spie ßer; das Siebengebirge – sie ben,
Gebir ge; die Siebenmeilenstiefel – sie ben, die Stie fel;
der Gesamtsieg – die Sie ge; der Siebdruck – die Sie be, sie ben;
das Riechorgan – rie chen; der Liebesbrief – die Lie be, die Brie fe;
das Lieblingskleid – lie ben; der Reifenabrieb – gerie ben;
die Kiesgrube – die Kie sel; der Zierkürbis – zie ren, die Kür bis se;
der Briefumschlag – die Brie fe

Seite 64

1 *Nomen:* Dieb – die Diebe; Hieb – die Hiebe; Betrieb – die Betriebe;
Feind – die Feinde; Pferd – die Pferde; Geld – die Gelder;
Held – die Helden; Rand – die Ränder; Pfund – die Pfunde;
Land – die Länder; Band – die Bänder; Herd – die Herde;
Grund – die Gründe; Hund – die Hunde; Hand – die Hände;
Tag – die Tage, Burg – die Burgen; Zweig – die Zweige;
Teig – die Teige

Verben: liebt – wir lieben; webt – wir weben; lobt – wir loben;
tobt – wir toben; probt – wir proben; hebt – wir heben;
lebt – wir leben; klebt – wir kleben; raubt – wir rauben,
bebt – wir beben; staubt – wir stauben; säugt – wir säugen;
äugt – wir äugen; sagt – wir sagen; wagt – wir wagen;
nagt – wir nagen; fragt – wir fragen; zeigt – wir zeigen;
zeugt – wir zeugen; siegt – wir siegen; fliegt – wir fliegen;
wiegt – wir wiegen

Adjektive: wund – wunder als, die Wunde; blind – blinder als; rund – runder als; blond – blonder als; wild – wilder als; blöd – blöder als; eng – enger als, die Enge; bang – banger als; lang – länger als

☐ Lieb/lings/gericht – lie ben; Taub/nessel – der Tau be; Steig/eisen – stei gen; Sieb/druck – sie ben; Rand/bemerkung – die Rän der

☐ Bandbreite – die Bän der; Hupkonzert – hu pen; Landgewinnung – die Län der; Klebstoff – kle ben; Bergwanderung – die Ber ge; Spukgestalt – spu ken; Wegweiser – die We ge; Flughafen – flie gen/die Flü ge; Bussardfeder – die Bussar de; Rotauge – ro te; Raddampfer – die Rä der; Windgeräusche – die Win de

Seite 65

☐ entdecken, entfallen, entführen, entgehen, enthalten, entkommen, entlassen, entlaufen, entnehmen, entschädigen, entscheiden, entschließen, entweichen, entzerren, entwerten, entwickeln, entwischen, entrollen

☐2☐ die Entdeckung, die Entführung, die Enthaltung, die Entlassung, die Entschädigung, die Entscheidung, die Entwertung, die Entwicklung

☐ Endkampf, Endausscheidung, endlos, endgültig, Endlauf, Endrunde, entstauben, Endpunkt, entkalken, Endkontrolle, endlich, Entwirrung, Endspurt, Endlagerung, entzücken, Endverbraucher

☐4☐ b) *mit k:* Klaudia, Kontra, Krise, Kreme, Klavier, Koriander, Kräcker, Katharina, Kriminalität, Katastrophe
mit ch: Charakter, Christ, Christian, Chor, Chronik, Chaos, Chemnitz, Chamäleon
mit c: Claudia, Clown, Contra, Creme, Curry, Cowboy, Catharina

c) Catharina/Katharina, Claudia/Klaudia, contra/kontra, Creme/Kreme

Seite 66

☐ b) *Es sind alle denkbaren schwierigen Wörter markiert:*
Thomas Gänsicke hat gezeigt (4), dass (7) es möglich (6, 4) ist, ein Automobil (6) zu bauen, das (7) für eine Entfernung (6) von 100 Kilometern (1) weniger als einen Liter Treibstoff (5, 4) braucht. Diesel (3). Nicht Ökosprit (6), Hybrid (6), Wasserstoff (4, 3) oder wie (6) das ganze Zeug (4) so heißt (4, 3), sondern stinknormalen (5, 4) Diesel. Keiner vor ihm (6) und keiner nach ihm hat das geschafft (4). Obwohl (6) es viele (3, 6) versuchten (6). Auch andere Autobauer wollten diesen Treffer landen, aber sie bissen (3) sich an der Technik (6) die Zähne (6) aus. Gänsicke nicht. Sein Ein-Liter-Auto (1) ist bis heute einzig (4) auf der Welt (4).
Am Ende des Fußweges (5, 4) steht (4, 3) er. Ein Torpedo (6). Eine Zigarre (3) auf Reifen. Ein Autorochen (3) in Regentropfenform (1, 3). Im Bemühen (1, 3), den Wagen zu beschreiben, haben die Motorjournalisten (6) schon viele (3, 6) Vergleiche (6) gezogen. Einig (4) sind sie sich darin, dass (7) der Wagen irgendwie nett (4) und sympathisch (6) aussieht. Niedlich (6, 4) wirkt (4, 3) er beinahe (3), wäre dieses Attribut (6) nicht unpassend (3, 4) für eine solche Pioniertat (6). Nur die Kohlensackfarbe (5, 4), die ist sicher keine Erfindung (1) der Presseabteilung (3, 6). Das scheckige (3, 4) Grau (1) ist halt so, wie die Karbon (6)-Faserteile aus dem Ofen kommen (3). Unlackiert (4), um Gewicht (1, 4) zu sparen (3).
Bei der Probefahrt (5, 4, 6) fällt (4, 3) dem Beifahrer das Einsteigen (1) nicht ganz leicht: rechtes Bein über den Vordersitz (6), linkes hinterher, langsam (4, 3) den Körper sinken (3) lassen,

die Füße (3) am Fahrer (6) vorbei (6) vorn (6) auf die Rasten (3) stellen (3). Wir sitzen (3) im Tandem (3, 1) hintereinander, wie beim Kabinenroller (3) der 1950er-Jahre (6). Es ist genügend (4, 3) Beinfreiheit (6) da, es sitzt (4) sich überraschend (3, 4) bequem (6). Es ist schmal (4), es ist niedrig (3, 4), aber das Gefühl (6) von Enge (1) fehlt. Wir rollen (3) los, begleitet von staunenden Blicken (3) der Autostadt (6)-Besucher.

Seite 67

☐2☐ a) *Beispiele für Wörter, die man durch deutliches Mitsprechen erklären kann:*
Diesel, Wasserstoff (+4), heißt (+4), viele, bissen, steht (+4), Zigarre, Autorochen, Regentropfenform, Bemühen (+1), wirkt (+4), beinahe, unpassend, scheckige, kommen, sparen, fällt (+4), langsam, sinken, Füße, rasten, stellen, sitzen, Tandem (+6), Kabinenroller, genügend, Beinfreiheit, überraschend, niedrig, rollen, blicken

b) *Beispiele für Wörter, die man durch Verlängern erklären kann:*
gezeigt, möglich, Treibstoff, Wasserstoff, Zeug, heißt, stinknormalem, geschafft, einzig, Fußweges, steht, einig, nett, niedlich, unpassend, Kohlensackfarbe, scheckige, unlackiert, Gewicht, Probefahrt, fällt, langsam, genügend, sitzt, überraschend, schmal

c) *Beispiele für Wörter, die man durch deutliches Mitsprechen erklären kann:*
Treibstoff, stinknormalen, Fußweges, Kohlensackfarbe, Probefahrt

☐3☐ a) Regel 3

b) *Weiteres Beispiel für Regel 3:*
„[...], rechtes Bein über den Vordersitz, linkes hinterher, langsam den Körper sinken lassen, die Füße am Fahrer vorbei vorne auf die Rasten stellen." (Z. 17–19)

☐4☐ a) A Auch andere Autobauer wollten diesen Treffer landen, aber sie bissen sich an der Technik die Zähne aus.
B Einig sind sie sich darin, dass der Wagen irgendwie nett und sympathisch aussieht.

b) Für Satz A gilt Regel 1, für Satz B gilt Regel 2.

Seite 68 + 69

☐6☐ *Fehlerwörter in der Reihenfolge ihres Vorkommens:*
Umwlt, Hantbreit, iren, drüken, Schuplade, weißt, Kenzeichen, Aussenspiegel, Leichtlaufriefen, Kunstoftechnik, Den, ende, Kohlefaserfitzer, Durchschnitsverbrauch, Renwagen, meter, nachtanken, Vierzilinder, beisst, beschleunigung, Strassen

☐7☐ a) Umwelt, drücken, Außenspiegel, Leichtlaufreifen, Kohlefaserflitzer, Straßen

b) weist – weisen, beißt – beißen

c) Handbreit – die Hände, die Breite; Schublade – schieben, die Lade; Kennzeichen – kennen, das Zeichen; Kunststofftechnik – die Kunst, die Stoffe, die Technik; Durchschnittsverbrauch – die Schnitte, der Verbrauch; Rennwagen – rennen, der Wagen

d) ihren, denn, Vierzylinder

e) am Ende – an dem Ende, das Ende; alle paar Meter – die Meter, der Meter; zum Nachtanken – zu dem Nachtanken, das Nachtanken; mit sensationeller Beschleunigung – die Beschleunigung

Seite 72

2 C

3 Blaue Markierung = Schlüsselwörter
Unterstreichung = unbekannte Begriffe, Fremdwörter
Randnotizen = Fragen zum Text
Zeichen = Auffallendes: „!" bedeutet „wichtig",
„?" bedeutet „Frage"

4 a) Der Satz bedeutet, dass man es nicht vermutet, dass es in Deutschland Analphabeten gibt. Man denkt eher, dass es in den Ländern viele Analphabeten gibt, in denen die Menschen noch in Lehmhütten wohnen. Der Satz verweist auf ein Vorurteil.

b) *Mögliche weitere Fragen:*
Z. 3: Was ist eine Arbeitskarte? Was muss man darauf ausfüllen?
Z. 7: Was wäre passiert, wenn Fellmer nicht zugegeben hätte, dass er Analphabet ist?
Z. 13: Was bedeutet „Wissensgesellschaft"?
Z. 18: Wie kann es sein, dass es in Deutschland vier Millionen Analphabeten gibt?
Z. 20: Wieso ist die Dunkelziffer noch höher? Fallen die Analphabeten denn nicht auf?
Z. 24: Ist jemand, der eine Lese- und Schreibschwäche hat, gleich ein Analphabet?
Z. 27–28: Wie kann es sein, dass man das, was man einmal gelernt hat, wieder verlernt? Vor allem, wenn man doch in die Schule geht?
Z. 30–34: Was machen Menschen ohne Schulabschluss? Gibt es Berufe, in denen man gar nicht schreiben oder lesen muss?
Z. 40–43: Wie kann man sich sein ganzes Leben lang im Alltag mit Notlügen verstecken?
Z. 43–54: Wie lesen funktionale Analphabeten Straßennamen oder andere Schilder? Können sie sich Notizen über ein Telefonat machen? Können sie Einkaufslisten schreiben oder Formulare ausfüllen?
Z. 65–72: Warum nutzen die Analphabeten das Internet, wenn sie Hilfe möchten? Wie funktioniert Lesenlernen im Internet?
Z. 72–73: Was bedeutet es, wenn man sagt: „Ich kann Buchstaben, aber keine Wörter schreiben"? Wie muss man sich das vorstellen?
Z. 84–85: Fellmer hat einen Traum, „den er in seiner Jugend nicht zu träumen gewagt hat" – was bedeutet das?

5 *Schlüsselwörter:*
wenig beachtete Bevölkerungsgruppe, Ursachen, überforderte Familien, wenig Förderung, Hyperaktivität, Hirnerkrankungen, 60 Prozent, keinen Schulabschluss, drei Viertel keine Berufsausbildung, 41 Prozent arbeitslos, Zukunftsperspektiven düster, Alltag, Versteckspiel, Angst, Scham, Förderkurse, 25 000 Menschen, Tabuthema, Hemmschwelle, hoch, Internet, Lernportal, Unterricht, kostenlos, Fellmer, Buch, Pflicht, geschafft, Schriftstellerleben

6 a) *Mögliche unbekannte Wörter:*
Arbeitskarte (Z. 3): auf einer Arbeitskarte wird verzeichnet, was jemand genau tun soll und welches Material er dazu braucht
diktieren (Z. 4): für eine Niederschrift vorsprechen
sich outen (Z. 6–7): etwas über sich öffentlich bekannt geben
Kultur (Z. 13): hier gemeint: Gesamtheit einer Volksgemeinschaft
Wissensgesellschaft (Z. 13): Gesellschaft, für die das Wissen die wichtigste Grundlage ist

Handicap (Z. 16): Behinderung, Nachteil
Schlaglicht (Z. 22): ein Schlaglicht auf etwas werfen = etwas in das Bewusstsein rücken
Hyperaktivität (Z. 25): übermäßiger Drang, sich zu bewegen – z. B. Unfähigkeit, still sitzen zu bleiben
finanzieren (Z. 32): Geld für etwas zur Verfügung stellen
Studie (Z. 32): Untersuchung
Zukunftsperspektiven (Z. 35): Aussichten für die Zukunft
Geringqualifizierte (Z. 37): Menschen ohne oder mit nur geringer Schulbildung und Ausbildung
Europäische Kommission (Z. 38): zuständig für die Umsetzung der Beschlüsse des Ministerrats und des Parlaments der Europäischen Union
Farbleitsystem (Z. 43): hier: Zuordnung bestimmter Farben zu bestimmten U-Bahn-Linien
Tabuthema (Z. 61): „verbotenes" Thema; Sache, über die man nicht spricht
Hemmschwelle (Z. 62–63): (psychologische) Hürde, die ein Mensch nur durch viel Kraft oder einen besonderen Anlass überwindet
Anonymität (Z. 63): Namenlosigkeit, Unbekanntheit – wenn jemand anonym ist, sind sein Name und seine persönlichen Daten nicht bekannt
Alternative (Z. 65): andere Möglichkeit
Lernportal (Z. 66): Zugang zu einem Lernangebot im Internet (Portal = Tor, Pforte, Eingang)
registrieren (Z. 69): erfassen, eintragen, anmelden
virtuell (Z. 70): nicht echt, nicht in Wirklichkeit vorhanden, sondern künstlich, vom/im Computer erschaffen
Blazer (Z. 71): sportlich-elegante Jacke
audiogestützt (Z. 71): durch hörbare – also gesprochene – Texte unterstützt
generieren (Z. 74): hervorbringen, erzeugen
Tutor (Z. 74): Lehrer, Ratgeber
Defizit (Z. 78): Mangel, fehlende Fähigkeit
ausmerzen (Z. 78): radikal beseitigen
vermarkten (Z. 82): auf den Markt bringen, verkaufen
Kür (Z. 83): Wahlübung im Sport (im Gegensatz zur Pflichtübung)

b) Ein „funktionaler Analphabet" ist ein Mensch, der zwar Buchstaben erkennen kann und durchaus in der Lage ist, seinen Namen oder einige Wörter zu schreiben, der aber längere Texte entweder gar nicht lesen kann oder nicht verstehen kann. Die Erklärung findet sich in Z. 11–12 („ein Erwachsener, dessen Lese- und Schreibkenntnisse denen eines Zweit- oder Drittklässlers entsprechen").

c) Ein funktionaler Analphabet kann Schrift zwar entziffern, aber nicht ganze Texte lesen und verstehen. Ein Analphabet im herkömmlichen Sinne kann überhaupt nicht lesen und schreiben.

7 b) *Mögliche Sinnabschnitte:*
Abschnitt 2, Z. 9–16: Erläuterungen zum Begriff „funktionaler Analphabet"
Abschnitt 3, Z. 17–23: Analphabeten in Deutschland
Abschnitt 4, Z. 24–29: Ursachen des Analphabetismus
Abschnitt 5, Z. 30–60: Folgen des Analphabetismus
Abschnitt 6, Z. 60–76: Hilfen und Fördermaßnahmen für Analphabeten
Abschnitt 7, Z. 77–85: Tim-Thilo Fellmers Erfolge und seine Zukunftswünsche

Seite 73

8 a) Es bedeutet, dass ich etwas absolut nicht verstehe.

b) Ein Analphabet ist überhaupt nicht in der Lage, ein Buch zu lesen. Wenn jedes Buch für einen Analphabeten sieben Siegel hat, bedeutet das, dass er kein Buch lesen kann. Er kann sein Wissen nicht durch das Lesen von Büchern erweitern.

c) Das Bildelement zeigt ein halb zur Weltkugel gewölbtes Buch, das dreimal mit einem Band oder Gürtel umschlossen ist. Das Band hat eine Art Schnalle mit sieben Schlüssellöchern. Das Bild soll veranschaulichen, dass es auf der ganzen Welt Menschen gibt, für die Bücher verschlossen bleiben, weil sie für diejenigen, die nicht lesen können, „sieben Siegel" haben.

9 a) In Lateinamerika und der Karibik beträgt der Anteil der Analphabeten in der Bevölkerung 10 Prozent.

b) In Tschad gibt es mehr Analphabeten als in Niger.

10 Europa ist im Diagramm zweimal erwähnt, weil in Zentral- und Osteuropa der Anteil der Analphabeten höher ist (3 Prozent) als in Westeuropa, wo der Anteil genauso hoch ist wie in Nordamerika (1 Prozent).

11 *Beispiel:*
In dem Zeitungsartikel „Das tägliche Versteckspiel" von Anja Tydecks vom 9.9.2008, erschienen im Bonner General-Anzeiger werden die Probleme geschildert, die Analphabeten in Deutschland in Beruf und Alltagsleben haben. Die Geschichte eines Betroffenen und Aussagen von Experten verdeutlichen die Ursachen und Folgen von Analphabetismus. Auch auf Hilfs- und Fördermaßnahmen wird eingegangen, so z. B. auf ein Lernangebot im Internet. Die Grafik liefert zusätzliche Informationen, denn sie zeigt den Prozentsatz der Analphabeten in anderen Teilen und Ländern der Welt. Analphabetismus ist vor allem in Afrika und Asien weit verbreitet.

Seite 74 – Teste dich!

1 Der Zeitungsartikel „Das tägliche Versteckspiel" von Anja Tydecks beschäftigt sich mit den Problemen von funktionalen Analphabeten in Deutschland. Es ist allgemein zu wenig bekannt, dass es auch in einer <u>Wissensgesellschaft</u> wie in Deutschland so viele Analphabeten gibt, obwohl in diesem Land <u>Schulpflicht</u> besteht. In anderen Erdteilen sind die Probleme noch größer: So sind z. B. im südlichen und westlichen Asien <u>41 Prozent</u> der Bevölkerung Analphabeten. Länder in Afrika, z. B. <u>Mali</u> und <u>Burkina Faso</u>, weisen die höchsten Analphabetenraten der Welt auf. Man geht davon aus, dass etwa <u>vier Millionen Deutsche</u> funktionale Analphabeten sind. Bei funktionalen Analphabeten entsprechen die Lese- und Schreibkenntnisse denen <u>eines Zweit- oder Drittklässlers</u>. Als mögliche Ursachen für die Lese- und Schreibschwäche sind <u>überforderte Familien, wenig Förderung im Unterricht, Hyperaktivität oder Hirnerkrankungen</u> anzusehen. Von den befragten Betroffenen sind <u>41 Prozent</u> arbeitslos. Im Alltagsleben versuchen Analphabeten, ihre Schwächen mit <u>Notlügen</u> zu vertuschen. In vielen Projekten versucht man, funktionalen Analphabeten zu helfen. Besonders erfolgreich ist das Internetportal <u>Zweite Chance Online</u>, das derzeit rund <u>128 000 Nutzer</u> hat.

12

2 Wissensgesellschaft: Gesellschaft, in der vorwiegend mit dem Kopf gearbeitet wird.
Dunkelziffer: statistisch nicht fassbare Zahl

2

14 erreichbare Punkte

Seite 76

2 a) Wo?: Z. 1, 19, 30–32
Wann?: Z. 43–44, 68
Wer?: Z. 2, 6, 52, 56

b) Die Geschichte spielt in einer Wohnung in einer nicht näher bezeichneten Stadt am Samstag, dem 22. Dezember eines unbekannten Jahres, vom Nachmittag bis Mitternacht.
Die Figuren der Geschichte sind die zwanzigjährige Elsa und ihre Mutter.

3 b)

Äußere Handlung	Innere Handlung
Elsa verlässt das Haus, fährt in die Innenstadt und sucht vergeblich nach einer Wohnungsvermittlung. Danach läuft sie stundenlang durch die Straßen.	Elsa beschließt, sich nach Weihnachten eine eigene Wohnung zu suchen, weil sie sich bedrängt fühlt.
Elsa betrachtet die Weihnachtsdekoration auf den Straßen.	Elsa spürt Zuneigung für die Menschen um sie herum.
Elsa kehrt kurz vor Mitternacht in die Wohnung zurück und geht in ihr Zimmer.	Sie denkt an ihre alte, häufig kranke Mutter.
Elsa setzt sich in einen Sessel.	Sie möchte am liebsten laut schreien, weil sie zwischen ihrem Wunsch nach Freiheit und dem Gefühl von Verantwortung gegenüber ihrer Mutter hin und her gerissen ist.

Seite 77

4 **Warum?** Elsa „flieht" vor ihrer Mutter, weil sie deren aufdringliches Verhalten nicht erträgt. Sie fühlt sich eingeengt. Die Mutter sucht die Nähe ihrer Tochter, weil sie seit dem Tod ihres Mannes einsam ist und sich langweilt.
Welche Folgen? Das Geschehen hat zur Folge, dass beide, Elsa und ihre Mutter, unglücklich sind. Elsa will ausziehen, hat aber auch Mitleid mit ihrer Mutter und deshalb Schuldgefühle. Die Mutter klammert sich in ihrer Einsamkeit zu sehr an ihre Tochter, und sorgt so dafür, dass sich Elsa immer weiter von ihr zurückzieht.

5 *Beispiel:*
Die Geschichte spielt in einer Wohnung in der Innenstadt einer nicht näher bezeichneten Stadt. Es wird kein genaues Jahr angegeben, aber das Geschehen findet an einem Samstag, dem 22. Dezember, vom Nachmittag bis Mitternacht statt. Es beginnt damit, dass eine Mutter das Badezimmer betritt, in dem sich gerade ihre zwanzigjährige Tochter schminkt. Die Tochter Elsa fühlt sich bedrängt und flüchtet ins ihr Zimmer, wohin ihr die Mutter kurz darauf folgt. Elsa ist verzweifelt. Weil sie das aufdringliche Verhalten ihrer Mutter nicht ertragen kann, verlässt sie kurz darauf das Haus, fährt mit der Straßenbahn in die Innenstadt und sucht vergeblich nach einer Wohnungsvermittlung. Dann lässt sie sich in der Menschenmenge treiben. Während Elsa durch die Stadt läuft, beschließt sie, sich nach Weihnachten eine eigene Wohnung zu nehmen. Sie befürchtet, die Nerven zu verlieren, wenn ihre Mutter noch einmal zu ihr in das Badezimmer kommt. Es werden aber auch die Gefühle der Mutter klar: Sie ist seit dem Tod ihres Mannes allein, langweilt sich, liebt und verwöhnt ihre Tochter und wünscht sich Gespräche und Aufmerksamkeit von ihr. Am Ende kehrt Elsa kurz vor Mitternacht in die Wohnung zurück, geht in ihr Zimmer und setzt sich in einen Sessel und denkt verzweifelt über ihre Lage nach.

Seite 79

2 a) Z. 1–8, 20

b) *Beispiel:*
Der Schneider denkt an seine Braut und erkennt, dass er sie verloren hat. Er liebt sie aber immer noch und beginnt zu weinen. Er ist verzweifelt und kann sein Unglück nicht fassen. Sein Kummer überwältigt ihn.

3 a) Z. 1, 6–8, 21–22

b) *Beispiel:*
Die Traurigkeit des Schneiders drückt sich durch sein Weinen aus. Seine Verzweiflung zeigt sich darin, dass er die Arme zum Himmel streckt und taumelnd geht. Seine Fassungslosigkeit äußert sich darin, dass er den Kopf schüttelt, und sein Kummer und seine Resignation darin, dass er sich einfach in den Schnee legt. Offensichtlich ist ihm egal, ob er erfriert.

4 Nachdem Wenzel fort ist, bleibt Nettchen eine Stunde lang „unbeweglich" sitzen. Sie ist vor Trauer wie erstarrt. Dann steht sie auf, und ihre Verzweiflung zeigt sich darin, dass sie „bitterlich" weint. Aber sie ergreift die Initiative – sie fährt mit einem Pferdeschlitten los und sucht nach Wenzel, weil sie noch einmal mit ihm reden will. Sie hat also noch Hoffnung.

5 Die Verlobung ist zwar geplatzt, aber Wenzel und Nettchen sind damit unglücklich und lieben einander noch. Das wird aus ihrem Verhalten deutlich. Die Situation ist nicht hoffnungslos, auch wenn der Schneider sich in seiner Verzweiflung im Wald in den Schnee legt. Nettchen sucht so aufmerksam nach ihrem Geliebten, dass sie ihn bestimmt finden wird.

Seite 80 – Teste dich!

2 C   `1`

3 E, F, J   `3`

4 C, E   `2`

6 erreichbare Punkte

Seite 82

2 a) Die Handlung findet im Haus der Capulets statt, wahrscheinlich in einem Salon oder einer Empfangshalle im Erdgeschoss. Der alte Capulet sagt, dass Julia „nicht mehr aus ihrem Zimmer herunterkommen" wird (Z. 9), ihr Zimmer befindet sich also in einem höheren Stockwerk.

b) Julias Vater, der alte Capulet, möchte, dass Julia und Graf Paris möglichst schnell heiraten. Den Tod von Julias Verwandtem Tybalt tut er mit den Worten „Nun, wir sind alle nur zum Sterben geboren" (Z. 8) ab. Capulet kennt die Gefühle seiner Tochter nicht, geht aber davon aus, dass sie Paris „sicherlich lieben" (Z. 17) wird, und bestimmt auch gleich den Hochzeitstag (Z. 26), ohne Julia zu fragen. Seiner Frau gegenüber ist er genauso bestimmend. Er redet nur mit ihr, um ihr Befehle zu erteilen (Z. 20–22, 35–36). Capulet wirkt gefühllos, grob und rücksichtslos. Er entscheidet einfach und beachtet die Wünsche und Gefühle der Betroffenen gar nicht.
Lady Capulet, Julias Mutter, scheint zumindest ein bisschen Verständnis für ihre Tochter zu haben. Sie erklärt Paris, dass Julia um Tybalt trauert (Z. 15), und möchte erst einmal mit Julia sprechen, um zu erfahren, wie diese zu einer Heirat mit Paris steht (Z. 13–14). Die Gefühle ihrer Tochter sind ihr nicht gleichgültig.

Graf Paris besteht nicht darauf, Julia zu sehen, ist höflich (Z. 12) und bedauert, dass er ihr nicht vorher sagen konnte, dass er sie liebt (Z. 10–11). Er ist allerdings ungeduldig und kann die Hochzeit kaum erwarten (Z. 32). Außerdem scheint es ihm nichts auszumachen, dass Capulet über Julias Kopf hinweg entscheidet. Im Grunde denkt er also nur an sich.

3 *Beispiel:*
Ha, was für ein Fang! Ein echter Graf. Julia kann froh über einen solchen Ehemann sein. Und die Hochzeit wird mich nicht viel kosten, weil wir wegen Tybalt noch in Trauer sind und bis Donnerstag sowieso keine Zeit haben, prunkvolle Kleider schneidern zu lassen. Alles in allem also ein hervorragendes Geschäft.

Seite 83

5 In der Auseinandersetzung geht es darum, dass Julia etwas anderes für ihr Leben will als ihr Vater und dieser das nicht akzeptiert. Julia will Graf Paris nicht heiraten und bittet ihren Vater, ihm erklären zu dürfen, warum. Capulet hört ihr aber gar nicht zu, sondern beschimpft sie und droht ihr mit Gewalt (Z. 11–17).

6

Textstellen	Erläuterungen Handlung
„oder ich werde dich dorthin schleifen" (Z. 7)	Androhung von Gewalt zeigt seine Wut
„Zum Henker mit dir, du freches Luder!" (Z. 10)	verflucht und beschimpft seine Tochter aus Zorn
„Keine Widerrede!" (Z. 13)	Ausruf zeigt, wie ernst es ihm ist
„Es juckt mich in der Hand!" (Z. 13)	kann sich kaum beherrschen, will Julia schlagen
„Jetzt sehe ich, es war ein Kind zu viel!" (Z. 16)	drückt seine Wut aus – er will nur ein gehorsames Kind
„Verfluchtes Miststück!" (Z. 17)	Schimpfworte zeigen seinen Zorn

7

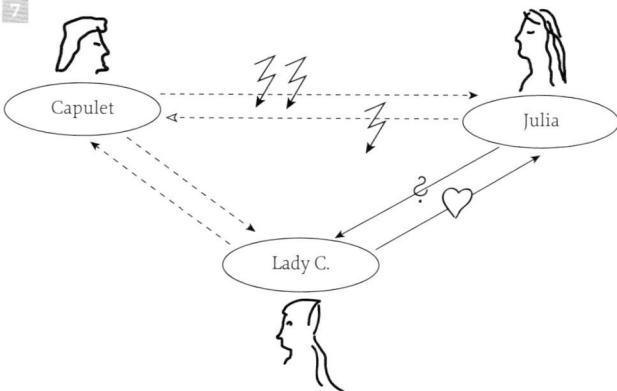

8 Das Verhältnis zwischen Julia und ihrem Vater wird im Laufe der Szene immer schlechter. Capulet ist erst fassungslos über Julias „Undankbarkeit", dann wird er immer wütender, beschimpft sie und droht ihr, dass er sie mit Gewalt zur Hochzeit zwingen wird. Julia bittet ihn flehend, auch etwas sagen zu dürfen, aber er redet sich nur noch mehr in Zorn und verflucht sie.

Seite 84 – Teste dich!

1 D ⟦1⟧

2 C, E, F ⟦3⟧

3 Obwohl Capulet nur ein Kind hat, nämlich Julia, wäre es ⟦1⟧
ihm lieber, gar kein Kind zu haben als eines, das in seinen
Augen so undankbar und ungehorsam ist wie Julia.

4 a) Szene 4: Z. 20–23, Z. 35–36; Szene 5: Z. 1 ⟦3⟧

b) Julias Mutter hat zwar mehr Verständnis für ihre Tochter, ⟦1⟧
führt aber die Befehle ihres Mannes aus und erstattet ihm
Bericht.

9 erreichbare Punkte

Seite 85

2 b) *Die Gestaltung eines Schreibbildes lässt große Freiheit, darum verzichten wir hier auf einen Gestaltungsvorschlag.*

3 b) Klötgen verwendet Goethes Gedicht als Vorlage, als „Gerüst",
um seine Eindrücke von dem verfallenden Vergnügungspark
„Spreepark" (seit 2002 geschlossen) zu schildern. Er benutzt
teilweise dieselben Wörter und Reime wie Goethe („Über
allen ... ist Ruh", „Du", „Warte nur", „balde"). Während Goethe
allerdings die Stille der nächtlichen Natur („Gipfel", „Wipfel",
„Walde") beschreibt, geht es bei Klötgen um die verrottenden
Fahrgeschäfte des stillgelegten Freizeitparks. Bei beiden Gedichten
steht die Vergänglichkeit im Mittelpunkt. Die Ruhe
der Natur bei Goethe bedeutet nicht nur Schlaf, sondern auch
Tod. Der Leser wird direkt angesprochen und darauf aufmerksam
gemacht, dass seine Lebenszeit begrenzt ist („Warte nur!
Balde / Ruhest du auch"). Hier ist die Ruhe des Grabes gemeint.
In Klötgens Gedicht sind es vom Menschen geschaffene Dinge
(„Schienen", „Fahrkabinen", „Riesenra[d]", „Kassenhäuschen",
„Dinos"), die „ruhen" und nicht mehr funktionieren. Ihr Verfall
zeigt dem Leser, dass Spaß nicht von Dauer ist („des Vergnügens
Mumie"). Auch bei Klötgen wird der Leser direkt angesprochen
und daran erinnert, dass sein Leben kurz ist und er
einmal sterben muss („Warte nur / balde / endet auch für Dich
die Fahrt"). Klötgen nimmt das Thema von Goethes Gedicht
auf und übersetzt es in ein modernes Umfeld.

Ich teste meinen Lernstand

Seite 88

A1 Einen erzählenden Text verstehen

2 Z. 1–15: Die Natur am Donau-Altwasser; Z. 16–47: Die Spiele der Jungen im Altwasser; Z. 48–64: Der Tod des jüngsten Bruders; Z. 65–88: ⟦4⟧
Das Verhalten der Brüder nach dem Tod

3 ⟦6⟧

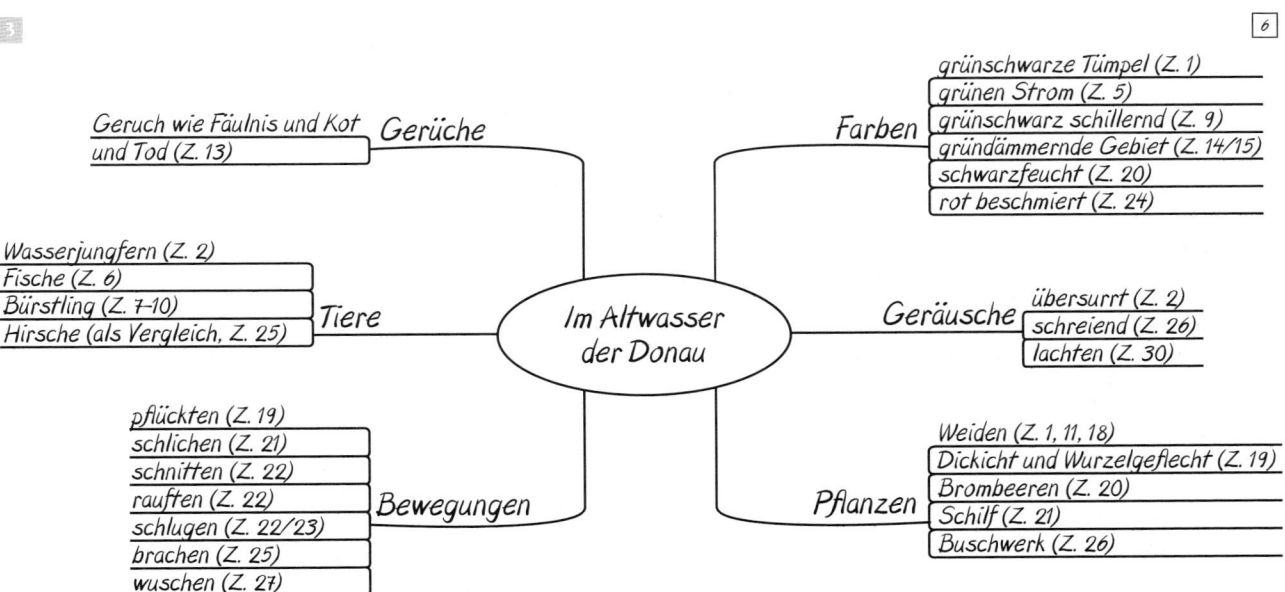

4 B, C, E ⟦3⟧

Seite 89

5 B ⬜ *1*

6 C ⬜ *1*

7 Geeignet ist Skizze B, weil die drei Brüder zwar zusammen ⬜ *4*
spielen, die beiden älteren sich aber miteinander verbünden,
um den jüngsten zu erschrecken.

8 Z. 16–22: harmlose Jungenspiele ⬜ *3*
Z. 22–29: übertrieben wildes Spiel
Z. 29–32: harmlose Jungenspiele
Z. 38–47: harmlose Jungenspiele
Z. 48–58: übertrieben wildes Spiel
Z. 58–64: kein Spiel, sondern tödliche Gefahr

9 *Wiederholungen gibt es bei:*
und + Verb = unterstrichen
Zeit = grau hinterlegt
Boot = gepunktet
Du könntest auch den gesamten Absatz unterstrichen haben.

Da gab der Älteste dem Zwölfjährigen ein Zeichen, den Kleinen
zu schrecken, und plötzlich warfen sie sich beide auf die Bootsseite, wo der Kleine stand, und das Boot neigte sich tief, und dann
lag der Jüngste im Wasser und schrie, und ging unter und schlug
von unten gegen das Boot, und schrie nicht mehr und pochte
nicht mehr und kam auch nicht mehr unter dem Boot hervor,
unter dem Boot nicht mehr hervor, nie mehr. (Z. 56–64)

10 Die Wiederholungen betonen die ~~Langsamkeit~~/Schnellig- ⬜ *2*
keit des Geschehens. Sie verdeutlichen, dass die Tat ~~hätte~~
~~verhindert werden können~~/nicht ungeschehen gemacht
werden kann.

Seite 90

11 Ich bin der Meinung, dass die Tat der beiden älteren Brüder ⬜ *4*
kein Mord ist, weil sie ihren Bruder nicht aus Mordlust,
Habgier oder einem anderen niedrigen Beweggrund getötet
haben.
Der Autor hat wahrscheinlich die Überschrift gewählt, um
zu zeigen, dass jugendlicher Übermut und ein scheinbar
harmloses Spiel schreckliche Folgen haben können.

12 b) *Beispiel:* ⬜ *4*
Meiner Meinung nach trifft Hatices Deutung zu, weil es
den beiden älteren Brüdern nicht gelingen wird, ihre
Schuld zu verdrängen. Sie hoffen zwar, dass durch ihr
Schweigen alles wieder gut wird, aber der Tod des jüngs-
ten Bruders lässt sich eben nicht ungeschehen machen.

(Thorbens Deutung ist aus moralischen Gründen nicht zu
akzeptieren.)

B Nachdenken über Sprache

13 ⬜ *14*

Zeile	Tempus	Funktion
15	Präteritum	Geschehen in der Vergangenheit
15	Präsens	geschieht gerade
16–31	Präteritum	Geschehen in der Vergangenheit
31–32	Präsens	geschieht gerade, wörtliche Rede
33	Präsens	ist allgemein gültig
34–36	Plusquamperfekt	Ereignis vor einem Geschehen in der Vergangenheit
37–54	Präteritum	Geschehen in der Vergangenheit
54–56	Plusquamperfekt	Ereignis vor einem Geschehen in der Vergangenheit
56–67	Präteritum	Geschehen in der Vergangenheit
67–68	Plusquamperfekt	Ereignis vor einem Geschehen in der Vergangenheit
68–84	Präteritum	Geschehen in der Vergangenheit
84–85	Präsens	geschieht gerade, wörtliche Rede
85–88	Präteritum	Geschehen in der Vergangenheit

Seite 91

A2 Einen Sachtext verstehen

15 Textabschnitt 1: Horrorfilme als Einstiegsdroge ⬜ *3*
Textabschnitt 2: Virtuelle Gewalt fördert Aggressivität
Textabschnitt 3: Jugendschutz und Medienerziehung
verbessern

16 Huber empfand den Film als Zumutung und wollte ihn ⬜ *1*
nicht bis zum Ende ansehen.

Seite 92

17 strikt: streng; konsumieren: verbrauchen; virtuell: scheinbar/künstlich; Position: Rolle; Strategie: geplantes Vorgehen; aggressiv: angriffs- | 4 |
lustig; sozialer Status: Stellung in der Gesellschaft; attraktiv: anziehend

18 | 10 |

Gewalt von den Eltern   Horrorfilme

Gewaltbereitschaft
von Kindern

Gewaltspiele

sozialer Status   Umfeld in der Schule

19 C | 1 |

20 A: falsch, B: richtig, C: falsch, D: richtig, | 7 |
E: falsch, F: falsch, G: falsch

Seite 93

A3 Grafiken verstehen

21 Es handelt sich um Säulendiagramme. | 1 |

22 A: richtig, B: falsch, C: falsch, D: richtig, | 7 |
E: falsch, F: richtig, G: falsch

Seite 94

C Einen Text überarbeiten

23 a) Die Forscher haben Schüler <u>gefragt: Welche</u> Spiele und | 13 |
Filme kennt ihr und seit wann <u>nutzt</u> ihr diese <u>Spiele und</u>
<u>Filme? Nach</u> zwei Jahren haben die Schüler den gleichen
Bogen noch einmal ausgefüllt und die Frage beantwortet,
ob sie Gewalt erlebt oder selbst ausgeübt haben. Das <u>Er-</u>
<u>gebniss</u> der Studie ist: Je früher und häufiger Kinder <u>er-</u>
<u>schreckende</u> Horrorfilme ansehen und Gewaltspiele <u>spie-</u>
<u>len desto</u> häufiger versuchen sie, Probleme <u>aggresiv</u> zu
lösen.
Deshalb fordern die Forscher einen Jugendschutz für Ju-
gendliche und eine <u>tollere</u> Medienerziehung durch die
Eltern.
Wir glauben nicht, <u>das</u> diese Studie richtig <u>ist denn</u> die
Kinder werden wohl keine <u>richtigen</u> Angaben gemacht
haben. Vielleicht fanden einige der Jugendlichen es <u>geil,</u>
mit der Brutalität ihrer Spiele und Filme <u>sich aufzu-</u>
<u>spielen.</u>
Eine viel größere Rolle als die Medien spielt außerdem das
Umfeld (Elternhaus, Schule, Freunde). Hier erleben <u>sie</u> Gewalt durch lebende Menschen und nicht durch künstliche Wesen. In Einzelfällen können <u>bruhtale</u> Computerspiele und Filme sicher viel Schaden anrichten, obwohl in
der Familie und bei Freunden Gewalt <u>nicht in ist.</u> <u>Einzel-</u>
<u>fälle sind das wie gesagt.</u>
Amokläufe kommen meistens durch Mobbing oder Wut
zu Stande. Dass Computerspiele die Ausführung eines solchen <u>wilden Amoklaufs</u> beeinflussen können, ist richtig.
Dass sie nicht dafür verantwortlich <u>sind</u> oder der Auslöser
sind, <u>ist auch richtig.</u>

Ein Verbot verdeutlicht zwar Jugendlichen und Eltern die Gefährlichkeit solcher Spiele und Filme. Huber sagt <u>jedoch ein</u>
komplettes Verbot von Medien mit <u>gewalttätigen</u> Inhalt
<u>macht</u> <u>bestimmt</u> diese <u>Medien</u> nur noch <u>atracktiver.</u> Dem kön-
nen wir nur zustimmen. Aber wie will er verhindern, <u>das</u> Kinder an Spiele kommen, die nicht jugendfrei sind? Da sind Jugendliche bestimmt einfallsreich!

b) *Beispiele für Verbesserungen:* | 13 |
Die Forscher haben Schüler gefragt: „Welche Spiele und
Filme kennt ihr und seit wann nutzt ihr diese?" Nach zwei
Jahren haben die Schüler den gleichen Bogen noch ein-
mal ausgefüllt und die Frage beantwortet, ob sie Gewalt
erlebt oder selbst ausgeübt haben. Das Ergebnis der Studie
ist: Je früher und häufiger Kinder Horrorfilme ansehen
und Gewaltspiele spielen, desto häufiger versuchen sie,
Probleme aggressiv zu lösen.
Deshalb fordern die Forscher einen Jugendschutz und eine bessere Medienerziehung durch die Eltern.
Wir glauben nicht, dass diese Studie richtig ist, denn die
Kinder werden wohl keine wahrheitsgemäßen Angaben
gemacht haben. Vielleicht fanden einige der Jugendlichen
es gut, sich mit der Brutalität ihrer Spiele und Filme auf-
zuspielen. [...]
In Einzelfällen können brutale Computerspiele und Filme sicher viel Schaden anrichten, obwohl in der Familie
und bei Freunden Gewalt nicht gutgeheißen wird. [...]
Dass Computerspiele die Ausführung eines solchen
Amoklaufs beeinflussen können, ist richtig. Aber sie sind
nicht dafür verantwortlich oder der Auslöser. [...] Huber
sagt jedoch, ein komplettes Verbot von Medien mit gewalttätigem Inhalt mache diese nur noch attraktiver. [...]
Aber wie will er verhindern, dass Kinder an Spiele kommen, die nicht jugendfrei sind?

Seite 95

D Schreiben – einen Kommentar verfassen

24 *These:* Gewaltspiele erhöhen die Gewaltbereitschaft. ⬚6
Argument: Kinder spielen eine Rolle und entwickeln Strategien, um Gegenspieler zu töten.
Beispiel: Je früher und häufiger Kinder Horrorfilme und Gewaltspiele konsumieren, desto häufiger neigen sie dazu, Probleme aggressiv zu lösen.
These: Ein völliges Verbot von Medien mit gewalttätigem Inhalt ist unsinnig. *Argument:* Das würde diese Medien für Kinder nur noch attraktiver machen.

25 *Mögliche Argumente **für** einen strengeren Jugendschutz:* ⬚4
In Einzelfällen können brutale Computerspiele und Filme sicher viel Schaden anrichten. (2)
Computerspiele können die Ausführung eines Amoklaufs beeinflussen. (1)
Ein Verbot verdeutlicht Jugendlichen und Eltern die Gefährlichkeit solcher Spiele und Filme. (3)

*Mögliche Argumente **gegen** einen strengeren Jugendschutz:*
Die Teilnehmer der Studie haben keine überzeugenden Angaben gemacht. (5)
Das Umfeld spielt eine viel größere Rolle als die Medien. (1)
Amokläufe kommen meistens durch Mobbing oder Wut zu Stande. (3)
Computerspiele sind nicht für Amokläufe verantwortlich oder der Auslöser. (2)
Ein Verbot macht diese Medien nur noch attraktiver. (4)
Es ist schwer zu verhindern, dass Kinder an Spiele kommen, die nicht jugendfrei sind. (6)

26 a) *Beispiele:* ⬚2
Ich bin für/gegen ein Verbot von gewalttätigen Filmen und Spielen für Jugendliche.
Ein Verbot von gewalttätigen Filmen und Spielen für Jugendliche könnte Jugendgewalt verhindern.
Der vorhandene Jugendschutz ist meiner Meinung nach ausreichend, er müsste nur besser umgesetzt werden.
Jugendschutz ist überflüssig – jeder sollte selbst entscheiden, welche Filme und Spiele er anschauen und spielen will.

b) *Die Überschrift sollte deine Position knapp auf den Punkt bringen und die Neugier des Lesers wecken.* ⬚2

Beispiele:
Gewaltmedien – mehr Jugendschutz dringend nötig
Mehr Jugendschutz heißt weniger Jugendgewalt
Jugendschutz: Umsetzung nicht ausreichend
Jugendschutz schränkt Entscheidungsfreiheit ein

c) *Siehe als Beispiel Lösung zu Aufgabe 25, die Ziffern stehen in Klammern.* ⬚2

27 *Beispiel:* ⬚6
Jugendschutz: Umsetzung nicht ausreichend
„Je früher und häufiger Kinder Horrorfilme und Gewaltspiele konsumieren, desto häufiger neigen sie dazu, Probleme aggressiv zu lösen." Das ist das erschreckende Ergebnis einer Studie des Tübinger Wissenschaftlers Günter Huber. Besonders gefährlich sind laut Huber Gewaltspiele am Computer. Allerdings kann man nicht nur die Medien für die Gewaltbereitschaft von Kindern und Jugendlichen verantwortlich machen: Das soziale Umfeld, also Schule und Elternhaus, spielt eine große Rolle. Dennoch zeigt die Studie, dass eine strengere Umsetzung des Jugendschutzes dringend nötig ist, denn Computerspiele können die Ausführung eines Amoklaufs beeinflussen und in Einzelfällen viel Schaden anrichten. Ein völliges Verbot von Gewaltfilmen und -spielen wäre meiner Meinung nach jedoch unsinnig. Es würde zwar die Gefährlichkeit dieser Medien verdeutlichen, solche Filme und Spiele aber gerade deswegen für Kinder und Jugendliche interessant machen. Der vorhandene Jugendschutz reicht aus, er müsste nur besser durchgesetzt werden, damit Kinder keinen Zugang zu nicht jugendfreien Filmen und Spielen bekommen.

Punkteverteilung

Nr.	Aufgabe	Punkte	Erreichte Punkte
A1	**Literarische Texte verstehen**	**34 P.**	
2	Sinnabschnitte	4 P. (je ½ Punkt für Abschnitt + Überschrift)	
3	Mind-Map	6 P. (je 1 Punkt für jeden vollständigen Bereich)	
4	Textverständnis	1 P. (je 1 Punkt für das richtig gesetzte Kreuz)	
5	Worterklärung	1 P. Punkt für das richtig gesetzte Kreuz	
6	Textverständnis	1 P. Punkt für das richtig gesetzte Kreuz	
7	Schaubild (Beziehung)	4 P. (für die Begründung)	
8	Textverständnis	3 P. (je ½ Punkt pro Abschnitt)	
9	Analyse	3 P. (je ½ Punkt pro unterstrichene Wiederholung)	
10	Analyse	2 P. (je 1 Punkt je richtige Streichung)	
11	Begründung	4 P. (für die Begründung)	
12	Begründung	4 P. (für die Begründung)	
		Zwischensumme	
B	**Nachdenken über Sprache**	**14 P.**	
13	Tempus	14 P. (je ½ Punkt für jedes Tempus (jede Funktion)	
		Zwischensumme	
A2	**Sachtexte verstehen**	**26 P.**	
15	Überschriften	3 P. (1 Punkt für jede Überschrift)	
16	Textverständnis	1 P.	
17	Fremdwörter	4 P. (½ Punkt für jedes Fremdwort)	
18	Schaubild	10 P. (2 Punkte für jeden richtigen Bereich)	
19	Textverständnis	1 P. Punkt für das richtig gesetzte Kreuz	
20	Textverständnis	7 P. (je 1 Punkt für das richtig gesetzte Kreuz)	
		Zwischensumme	
A3	**Grafiken verstehen**	**8 P.**	
21	Bestimmung der Grafiken	1 P.	
22	Aussage der Grafiken	7 P. (je 1 Punkt für das richtig gesetzte Kreuz)	
		Zwischensumme	
C	**Rechtschreibung**	**26 P.**	
23	Textüberarbeitung	26 P. (½ Punkt pro Fehler/Verbesserung)	
		Zwischensumme	
D	**Schreiben – Kommentar**	**22 P.**	
24	Thesen und Argumente	6 P.	
25	Argumente	4 P. (je 2 Punkte für jede Analyse)	
26	Argumentation	6 P. (je 2 Punkte pro Arbeitsschritt)	
27	Kommentar	6 P. (für die eigene Argumentation)	
		Zwischensumme	
	130 P.	**Summe**	

Punkteverteilung insgesamt auf die Bereiche

A	Texte und Grafiken verstehen	68 Punkte
B, C	Nachdenken über Sprache, Rechtschreibung	40 Punkte
D	Schreiben	22 Punkte

Bewertungsschlüssel

Texte/Grafiken verstehen	68–55 Punkte	54–34 Punkte	33–0 Punkte
Nachdenken über Sprache/ Rechtschreibung	40–33 Punkte	32–20 Punkte	19–0 Punkte
Schreiben	22–18 Punkte	17–11 Punkte	10–0 Punkte
Gesamt	130–85 Punkte	84–55 Punkte	54–0 Punkte
	Du liegst im guten bis sehr guten Bereich. Du kannst dir noch einmal die Stellen ansehen, an denen du dich verbessern kannst.	**Einiges gelingt dir, manches musst du aber noch einmal üben.** Notiere dir Fehlerschwerpunkte in deinem Test, so kannst du gezielt wiederholen.	**Du musst vieles wiederholen und gründlich üben.** Finde gemeinsam mit deiner Lehrerin/deinem Lehrer deine Fehlerschwerpunkte heraus, notiere sie und überlege, wie du dich verbessern kannst.

Kurzreferat oder Kurzvortrag

ARBEITSTECHNIK – STOFFSAMMLUNG

Ein Kurzreferat (auch: Kurzvortrag) informiert knapp und präzise über einen wesentlichen Sachverhalt. Er sollte nicht länger als **fünf bis zehn Minuten** dauern.

Bevor du die Recherche aufnimmst, musst du deine **Ideen sammeln und ordnen**:
1. Notiere, was du bereits über das Thema weißt (Vorwissen).
2. Stelle eigene Fragen an das Thema.
Geeignete Arbeitstechniken sind ein Cluster oder eine Mind-Map.

Thema des Referats: Sophie Scholl und „Die Weiße Rose"

1 a) *Was weißt du bereits über Sophie Scholl? Notiere dein Vorwissen im Heft.*
b) *Ergänze den Cluster um weitere Fragen oder Ideen zum Thema.*

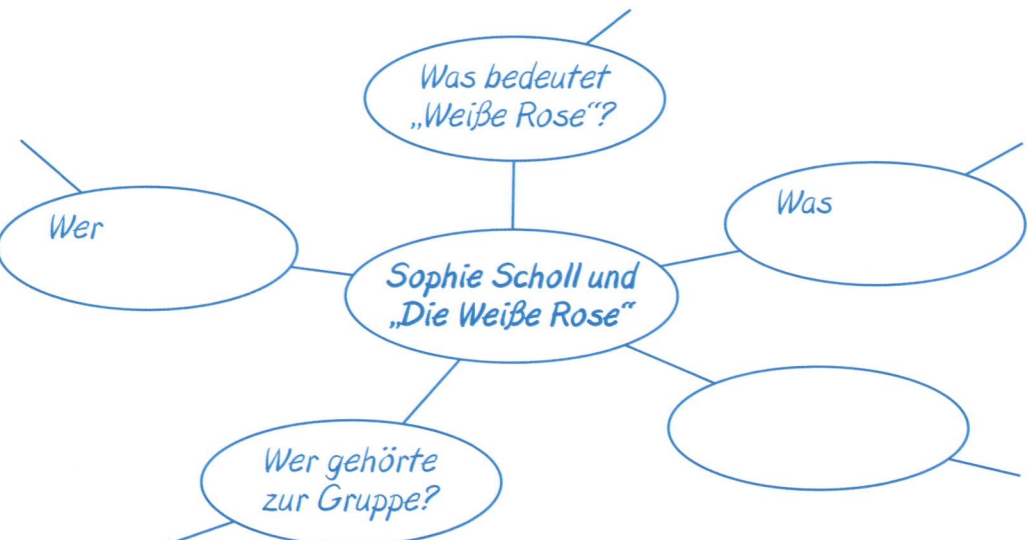

ARBEITSTECHNIK – RECHERCHE: INFORMATIONEN SAMMELN UND AUSWERTEN

Zur Bearbeitung eines Themas solltest du möglichst vielfältige Informationsquellen nutzen:
- **Printmedien**: Texte aus Zeitungen, Fachbüchern, Lexika (Stadt- oder Gemeindebibliothek),
- **Elektronische Medien**: CD-ROMs, Internet-Websites.

Prüfe, ob die Materialien Antworten auf die offenen Fragen geben:
- „Überfliege" Inhaltsverzeichnisse und Überschriften,
- lies kürzere Textpassagen und schau dir die Bilder an.
Wichtig: Die **Quellen**, denen du deine Informationen entnommen hast, musst du **angeben**.

2 *Recherchiere im Internet mit einer Suchmaschine. Notiere:*

a) Wie viele Einträge findest du unter dem Stichwort „Sophie Scholl"? _____

b) Wie viele sind es unter „Sophie Scholl und Die Weiße Rose"? _____

Sehr informative Seiten sind: www.bpb.de (Stichwort unter „Suche" eingeben) und www.weisse-rose-stiftung.

3 *Lies die folgenden Informationsbausteine.*
a) Markiere Informationen, die für dein Thema wichtig sein könnten.
b) Ergänze im Cluster (S. 3) Fragen oder Ideen.
c) Recherchiere weitere Informationen.

Text 1

Hinter dem Namen „Die Weiße Rose" stehen fünf Münchener Studierende und ihr Hochschulprofessor, die zwischen Juni 1942 und Februar 1943 in Flugblättern die deutsche Bevölkerung zum Widerstand gegen die nationalsozialistische Diktatur aufriefen. Mit ihrem öffentlichen Protest wählten sie den unbequemen Weg: Statt wie die Mehrheit der Deutschen zu schweigen, nannten die jungen Menschen mutig die Verbrechen des Hitler-Regimes beim Namen.

Hans Scholl, Sophie Scholl und Christoph Probst im Sommer 1942.

Text 2

Mit ihrem fünften Flugblatt wollten sie die breite Masse zum Handeln bewegen: In ihren Augen war eine Invasion vom Westen aus nur noch eine Frage der Zeit. „Hitler kann den Krieg nicht gewinnen, nur noch verlängern!"

Text 3

„Manchmal graut mir vor dem Krieg, und alle Hoffnung will mir vergehen. Ich mag gar nicht dran denken, aber es gibt ja bald nichts anderes mehr als Politik, und solange sie so verworren ist und böse, ist es feige, sich von ihr abzuwenden."

Sophie Scholl in einem Brief an Fritz Hartnagel, 9. April 1940

Text 4

Sophia Magdalena Scholl (∗ 9. Mai 1921 in Forchtenberg; † 22. Februar 1943 in München-Stadelheim), kurz: Sophie Scholl, war eine deutsche Widerstandskämpferin in der Zeit des Nationalsozialismus. Sie wurde wegen ihres Engagements in der Widerstandsgruppe „Die Weiße Rose" hingerichtet.

Text 5

Die früher verbreitete Darstellung, der Name „Die Weiße Rose" leite sich aus dem Titel eines spanischen Romans ab, ist vermutlich falsch. Sophies Bruder Hans Scholl als Erfinder dieses Namens gab der Gestapo jedenfalls zu Protokoll, er habe diesen Namen mehr oder weniger „gefühlsmäßig" gewählt. Er habe vermutet, dass ein solcher Name auf die Öffentlichkeit positiv wirken werde und hinreichend einprägsam sei.

Text 6

In einem Brief vom 27. Juni 1938 an seine Schwester Inge hatte Hans Scholl geschrieben: *In meiner Brusttasche trage ich die Knospe einer Rose. Ich brauche diese kleine Pflanze, weil das die andere Seite ist, weit entfernt von allem Soldatentum und doch kein Widerspruch zu dieser Haltung.*

ARBEITSTECHNIK – DEN VORTRAG GLIEDERN

Gliedere dein Referat in drei Teile:
- ☐ Nenne in der **Einleitung** das Thema und wecke die Neugier des Publikums, z. B. mit einer Frage, einer überraschenden Einzelheit oder einem interessanten Zitat.
- ☐ Präsentiere im **Hauptteil** die Informationen in gut verständlicher, zeitlich geordneter Reihenfolge. Fachbegriffe müssen erklärt werden. Stelle das Wichtigste an den Schluss.
- ☐ Fasse am **Schluss** den Hauptteil kurz zusammen und nimm persönlich Stellung. Schließe nie mit „Jetzt bin ich fertig!" oder „Das war's!"

4 a) Entscheide, in welcher Reihenfolge du deinen Kurzvortrag über Sophie Scholl und „Die Weiße Rose" anordnen möchtest. Du kannst ...

☐ A die Person Sophie Scholl als Ausgangspunkt nehmen und dann auf die Widerstandsgruppe „Die Weiße Rose" eingehen.

☐ B zunächst die Widerstandsgruppe „Die Weiße Rose" vorstellen und erst im weiteren Verlauf gezielter auf die Person Sophie Scholl eingehen.

Begründe: Ich wähle die Reihenfolge _____, weil _____

_____

b) Die folgenden Zwischenüberschriften können den Hauptteil gliedern.
Ordne sie passend zu der von dir gewählten Reihenfolge und nummeriere.

☐ Über Sophie Scholl

☐ Politische Ziele der Gruppe „Die Weiße Rose"

☐ „Die Weiße Rose" und ihre Mitglieder

☐ Aktionen und Schicksal der Gruppe

ARBEITSTECHNIK – DEN FREIEN VORTRAG VORBEREITEN

Bereite **Stichwortkarten** vor (Größe: DIN A6). Du kannst sie locker in der Hand halten, sie dienen als Gedächtnisstütze. Gehe so vor:
- ☐ Beschrifte die Stichwortkarten einseitig und nummeriere sie durch. Markiere farbig, was zur Einleitung, zum Hauptteil oder zum Schluss gehört.
- ☐ Schreibe die Informationen kurz (Stichworte, Satzteile) und gut gegliedert auf die Karte. Arbeite mit verschiedenen Farben, z. B.: Blau für wichtige Gedanken, Grün für Zitate, Lila für Fachbegriffe mit Erklärungen.
- ☐ Verwende Symbole oder Gedankenstützen: ? ! →

5 Arbeite die folgende Stichwortkarte im Heft aus.
Die Informationen findest du auf Seite 4 und auf den Websites, die auf Seite 3 angegeben sind.

TIPP

Notiere auf den Stichwortkarten, mit welchem **Material** du arbeiten willst: z. B. mit Bildmaterial, Dokumenten oder Gegenständen, die das Thema betreffen.
Lege fest, wie du es **präsentieren** willst, z. B. herumgehen lassen, kopieren und austeilen, vergrößert an die Tafel hängen, auf Folie(n) ziehen, als PowerPoint-Präsentation.

Über Sophie Scholl

Name:

Geboren:

Gestorben:

Wohnort:

Eltern:

Geschwister:

Ausbildung/Studium:

Arbeitsdienst(e):

Zitat:

6 *Lege für alle Zwischenüberschriften deines Vortrages (Aufgabe 4 b, S. 5) Stichwortkarten an. Arbeite in deinem Heft oder besorge DIN-A6-Karten.*

> **TIPP**
>
> Schreibe die **Einleitung** am Schluss, wenn du einen guten Überblick über alle Materialien hast.

7 *a) Um welche Arten von Einleitungen handelt es sich hier? Trage die passende Nummer ein.*

1 persönliche Aussage
2 Zitat, das zum Nachdenken anregt
3 spannende Frage
4 beunruhigende Zahlen und Fakten

☐ A Könnt ihr euch vorstellen, dass junge Menschen für ein Stück Papier ihr Leben geben?

☐ B Was die Gruppe „Die Weiße Rose" in der Nazizeit forderte, gilt auch heute: „Zerreißt den Mantel der Gleichgültigkeit, den ihr um euer Herz gelegt habt. Entscheidet euch, ehe es zu spät ist."

b) Formuliere eine persönliche Aussage als Einleitung.

_____

_____

8 *Erstelle ein Merkblatt mit den acht wichtigsten Tipps für einen anschaulichen, guten Vortrag.*
   a) Füge die Sätze durch Verbindungslinien richtig zusammen.
   b) Schreibe sie zusammenhängend in dein Heft ab.

A Bevor ich mit dem Reden anfange,	1 und vermeide das Herumzappeln.
B Ich rede frei und lebendig,	2 um den direkten Kontakt zu halten.
C Ich verwende Bilder oder Grafiken,	3 sonst kommt die Hälfte bei den Zuhörern nicht an.
D Wenn ich beim Reden den roten Faden verliere,	4 warte ich, bis alle leise sind.
E Ich schaue meine Zuhörer an,	5 um Wichtiges hervorzuheben.
F Ich suche einen festen Stand	6 damit meine Zuhörer nicht einschlafen.
G Ich mache Pausen und betone,	7 weil sie meinen Vortrag veranschaulichen.
H Meine Stimme ist angemessen laut,	8 schaue ich auf meine Karteikarten.

Berichten – sachlich informieren

Alexander, Klasse 8 b, will in der Schülerzeitung über Nana Yaa Nyantakyi berichten. Sie ist die UNICEF-Junior-Botschafterin des Jahres 2005, UNICEF ist das Kinderhilfswerk der Vereinten Nationen (UNO). Alexander hat von der Website Material zusammengetragen: www.younicef.de.

1 *Lies die Materialien aufmerksam.*

Material 1:

Alle Kinder und Jugendlichen bis 18 Jahre, die sich für UNICEF und die Kinderrechte einsetzen, können zu jedem Zeitpunkt UNICEF-JuniorBotschafter werden. Wenn ihr uns Berichte über Aktionen zusendet, mit denen ihr euch für UNICEF und die Kinderrechte stark gemacht habt, nehmt ihr automatisch am Wettbewerb teil. Eine Jury aus acht Kindern und acht Erwachsenen wählt für UNICEF aus den Einsendungen von einzelnen Schülern, Klassen und ganzen Schulen fünf Gewinner aus. Wir achten bei den Einsendungen besonders auf euren Erfindungsreichtum und darauf, dass ihr möglichst viele Menschen informiert und eure Ideen und Gedanken zu dem von euch gewählten Thema an andere weitergebt.

Material 2:

Jahr	Preisträger – JuniorBotschafter	Aktion – Thema
2006	Kinderchor „Coro Bambini" aus Eggenstein-Leopoldshafen	Aktion: „Ein Stein für Afrikas Schulen" Thema: Bau von Schulen in Afrika
2008	Klasse 7 a, Realschule Warendorf	Aktion: „Die Zeit läuft ab" Thema: HIV/AIDS

Material 3:

Name: Nana Yaa Nyantakyi
Alter: 11 (2005)
Beruf: Schülerin
Wohnort: Leverkusen
Preis: UNICEF-JuniorBotschafterin 2005
Verleihung: 6. Juni 2005 in der Frankfurter Paulskirche
Aktion: Verkauf von selbst gemachten weißen Schleifen
Erlös: mehr als 500 Euro
Zitate: „Ich habe die schrecklichen Bilder von der Flutkatastrophe im Fernsehen und in den Zeitungen gesehen. Da bin ich auf die Idee gekommen, auch zu helfen."
„Wir Kinder sind eigentlich die Zukunft, und wenn es uns nicht gut geht, weiß man nie, was morgen sein wird."

Material 4: Aktion „Weiße Schleife"

Da in Asien die Farbe Weiß als Zeichen der Hoffnung und der Trauer gilt, entschied die Schülerin, weiße Schleifen als Zeichen der Solidarität mit den Tsunami-Opfern zu nähen. Der Verkauf begann im eigenen Haus, weiter ging es auf dem Geburtstag ihrer Tante und bei einem Benefizkonzert der Leverkusener Chöre. Sie schrieb Briefe an den Bundespräsidenten Horst Köhler, an Bundeskanzler Schröder, an Bundestagspräsident Wolfgang Thierse und an Bundesministerin Heidemarie Wieczorek-Zeul sowie an Sponsoren – und alle antworteten ihr! Auch bei den Medien warb Nana Yaa erfolgreich um Unterstützung. In der WDR5-Sendung „Lilipuz" berichtete sie über die Situation in den Katastrophengebieten. Danach folgte ein Interview in der Rheinischen Post. Auch im Radio Leverkusen war sie zu hören. „Das ist schon etwas ganz Besonderes. Ein elfjähriges Mädchen hat eine Idee und setzt sie mit sehr hoher Eigeninitiative, Mut, Ausdauer und Erfolg um."

2 *Hast du alle Informationen verstanden, die die Materialien auf S. 7 geben? Kreuze an.*

		stimmt	stimmt nicht
A	Der UNICEF Preis „JuniorBotschafter" wird jährlich vergeben.	☐	☐
B	Teilnehmer am Wettbewerb müssen mindestens 18 Jahre alt sein.	☐	☐
C	Im Jahr 2005 wurde die Aktion „Die Zeit läuft ab" ausgezeichnet.	☐	☐
D	JuniorBotschafter setzen sich für die Rechte der Kinder ein.	☐	☐
E	Die Aktion „Weiße Schleife" unterstützt die Opfer der Flutkatastrophe in Asien.	☐	☐
F	Nana Yaa Nyantakyi war von der Tsunami-Katastrophe gefühlsmäßig sehr betroffen.	☐	☐
G	Die weißen Schleifen wurden alle von der Schülerin selbst hergestellt.	☐	☐
H	In der Jury, die die Preise vergibt, sind ausschließlich Kinder.	☐	☐

3 *Über welches Thema informieren die Materialien auf S. 7? Fasse das Thema in vollständigen Sätzen zusammen.*

_____

_____

_____

ARBEITSTECHNIK – BERICHTEN

☐ Beantworte kurz und sachlich die W-Fragen: Wann? Was? Wer? Wo? Warum? Wie? Welche Folgen?
☐ Gliedere sinnvoll: Stelle das Wichtigste an den Anfang (sog. „Lead-Stil").
☐ Schreibe im Präteritum. Hintergrundinformationen kannst du auch im Präsens darstellen.
Willst du **über Hintergründe informieren**, musst du recherchieren, um Antworten auf die W-Fragen zu finden. Du kannst unterschiedliche Quellen auswerten, z. B. Interviews, Analysen, Grafiken, Karten, Statistiken, Dokumente oder Bilder.
☐ Stelle Zusammenhänge zwischen den herangezogenen Materialien her.
☐ Achte auf richtige Daten und eine sachlich richtige Darstellung der Zusammenhänge.
☐ Füge in indirekter Rede Zitate von beteiligten Personen, Experten o. Ä. ein.
☐ Verzichte auf persönliche Wertungen.

---

4 *Ergänze die Tabelle aus Material 2 um die Preisträger mit ihren Aktionen der Jahre 2007 und 2009. Recherchiere im Internet: www.younicef.de.*

5 *a) Kreuze in der Tabelle an, in welchem Material auf S. 7 du Informationen zu den angegebenen Punkten findest.*
b) Trage ein, welche W-Frage damit beantwortet wird.

Informationen über ...	M1	M2	M3	M4	W-Frage
die Preisträger des Wettbewerbs	___	___	___	___	*Wer* _____
den eigentlichen Wettbewerb	___	___	___	___	_____
Nana Yaa Nyantakyi	___	___	___	___	_____
die Aktion „Weiße Schleife"	___	___	___	___	_____
die Beweggründe der Preisträgerin	___	___	___	___	_____

6 *Ein Bericht wird knapp und sachlich geschrieben.*
Welche der Materialien können für einen Bericht über Nana Yaa Nyantakyi und ihre Aktion ganz oder teilweise weggelassen werden? Begründe.

_____

_____

_____

_____

7 *Recherchierte Informationen werden knapp und sachlich zusammengefasst.*
Fasse Material 4 über den Verkauf der weißen Schleifen in maximal zwei Sätzen zusammen.

_____

_____

_____

_____

8 *Alexander hat für die Gliederung seines Berichts Zwischenüberschriften notiert.*
Bringe diese in eine sinnvolle Reihenfolge, indem du sie nummerierst.

☐ Informationen zur Aktion „Weiße Schleife"

☐ Über den Preis „JuniorBotschafter"

☐ Beweggründe der Preisträgerin zur Teilnahme am Wettbewerb

☐ Über die Person Nana Yaa Nyantakyi

9 *Zitate werden in einem Bericht in indirekter Rede (siehe S. 30–33) wiedergegeben.*
Wandle die wörtliche Rede aus Material 3 in indirekte Rede um. Schreibe ganze Sätze mit Redeeinleitung.

Nana Yaa macht deutlich, _____

_____

_____

_____

_____

_____

_____

_____

10 *Lies die einleitenden Zeilen, die Alexander zu seinem Bericht über Nana Yaa Nyantakyi geschrieben hat.*

a) Beurteile: Ist der Text knapp und sachlich formuliert? ☐ *ja* ☐ *nein*

Den ~~tollen~~ Preis „JuniorBotschafterin des Jahres 2005" bekam die noch sehr junge Schülerin Nana Yaa Nyantakyi. Er wurde ihr auf wirklich beeindruckende Weise und mit vielen Reden am 6. Juni 2005 in der Frankfurter Paulskirche überreicht. Nana Yaa berichtete dem Publikum in sehr gefühlvollen Worten, dass sie nach den fürchterlichen Zeitungsberichten über die schreckliche Flutkatastrophe in Südostasien überaus verzweifelt gewesen sei. Sie wollte helfen, doch sie wusste erst einmal gar nicht, wie.

b) Streiche Überflüssiges und schreibe den Textauszug verbessert in dein Heft.

11 *Der folgende Auszug aus Alexanders Entwurf ist wenig abwechslungsreich geschrieben.*
Lies die Sätze in der linken Spalte.
a) Welche Nomen oder andere Bezeichnungen könnte Alexander statt des Pronomens „sie" verwenden?

_____

b) Verbinde die Sätze zu einer Satzreihe oder einem Satzgefüge nach vorgegebenem Muster. Schreibe diese/s in die rechte Spalte. Ersetze das Pronomen „sie", wo es sinnvoll ist.

Sie rief die Aktion „Weiße Schleife" ins Leben. Sie hat die weißen Schleifen selbst hergestellt.	Hauptsatz + Hauptsatz: _____ _____ _____ _____
Sie besuchte Freunde, Bekannte, Politiker und Prominente. Sie wollte Spenden für die Flutopfer in Südostasien sammeln.	Hauptsatz + Infinitivsatz: _____ _____ _____ _____
Sie wählte die weißen Schleifen als Symbol. Die Farbe Weiß gilt in Asien zugleich als Zeichen der Hoffnung und der Trauer.	Hauptsatz + Nebensatz (kausal): _____ _____ _____ _____

12 *Schreibe den vollständig ausformulierten Bericht über Nana Yaa Nyantakyi in dein Heft. Finde auch eine Überschrift.*

Teste dich! – Berichten

1 *Lies die folgende Pressemitteilung.*

Drei Mädchen
sind UNICEF-JuniorBotschafter 2007

Preisverleihung mit über 700 Kindern in der Frankfurter Paulskirche
Oliver Bierhoff, Sabine Christiansen und Heide Simonis ehren die Sieger.

21.5.2007 – Ricarda Theobald, Stefanie Bachtin und Maïté Darroman sind die UNICEF-JuniorBotschafter des Jahres 2007. UNICEF-Botschafterin Sabine Christiansen überreicht den begehrten „Oscar" für Kinder-
5 rechte in der Frankfurter Paulskirche an die drei Schülerinnen aus dem rheinland-pfälzischen Grünstadt für ihre Aktion „1000 Gesichter für Afrika". Zum vierten Mal vergibt UNICEF den Preis, um den sich bundesweit mehr als 15000 Kinder und Jugendliche bewor-
10 ben haben – noch mehr als in den Vorjahren.
„Was die Kinder und Jugendlichen leisten, ist wirklich oscarreif. Die UNICEF-JuniorBotschafter sind ein tolles Team. Sie prangern Kinderrechtsverletzungen an und bringen konkrete Hilfe für Kinder in Not auf den Weg",
15 sagt der Teammanager der deutschen Fußballnationalmannschaft, Oliver Bierhoff.
Mit ihrer Schminkaktion „1000 Gesichter für Afrika – Wir geben Kindersoldaten ein Gesicht" machen die drei Gewinnerinnen des Wettbewerbs auf das tragische Schick-
20 sal der Kriegskinder im Kongo aufmerksam. Ricarda (14),

Stefanie (14) und Maïté (15) sammeln außerdem über 360 Euro an Spenden. Die Jury begeistert vor allem die Originalität und die Kreativität der Aktion.

Quelle: www.younicef.de

2 a) *Benenne den zentralen Fehler, der in diesem Bericht gemacht wird.*

_____

b) *Formuliere eine Regel für das Schreiben von Berichten, die diesen Fehler vermeiden hilft.*

_____

_____

3 *Markiere Textstellen, bei denen es sich um ein Zitat handelt.*

4 *Unterstreiche im Text Antworten auf die W-Fragen: Wer? Was? Wann? Wo? Wie? Warum?*

5 *Fasse den Presseartikel in einem sachlichen Kurzbericht in zwei oder drei Sätzen zusammen. Schreibe in dein Heft.*

Werte deine Ergebnisse aus, indem du deine Antworten mit dem Lösungsheft abgleichst. Für jede richtige Antwort bekommst du einen Punkt.

17–12 Punkte	11–8 Punkte	7–0 Punkte
☺ Gut gemacht!	☺ Gar nicht schlecht. Schau dir die Merkkästen noch einmal an.	☹ Arbeite die Seiten 7–10 noch einmal sorgfältig durch.

Schildern

Schildern heißt mit Worten „malen", also möglichst anschaulich und lebendig schreiben.
In einer **Schilderung** kommt es darauf an, eine Situation oder ein Geschehen aus persönlicher Sicht mit eigenen Worten so darzustellen, dass Gefühl und Fantasie des Lesers angeregt werden.
- ☐ Verwende sprachliche Bilder (Metaphern), Vergleiche oder Personifikationen, aber auch Fragen und Ausrufe, Aufzählungen und wörtliche Rede.
- ☐ Wähle passende und abwechslungsreiche Adjektive.
- ☐ Gestalte den Satzbau abwechslungsreich.

Hape Kerkeling hat ein Buch über seine Wanderung auf dem Pilgerweg nach Santiago de Compostela geschrieben.

1 *Lies die folgende Schilderung von Hape Kerkeling.*
Wandere in Gedanken mit: Was sieht Hape Kerkeling?
Achte beim Lesen darauf, wie er seine Gefühle beschreibt.

Hape Kerkeling
Mit Badelatschen durch die Pyrenäen (2006, Auszug)

Heute Morgen sind meine Knieschmerzen so gut wie weggeblasen. Kann mein Knie fast schmerzfrei bewegen! Nach einem zünftigen Frühstück in der Gaststätte habe ich mich so gegen zehn Uhr auf den Weg gemacht,
5 Richtung Zubiri[1], heute, laut meinem Kilometer zählenden Reiseführer, nur mal sechseinhalb Stunden Fußmarsch. Zur Abwechslung führt der Weg heute wieder über die Berge.

Da meine Wanderschuhe noch klitschnass sind, bleibt
10 mir nichts anderes übrig, als in meinen Badelatschen loszulaufen, die ich mir auf Anraten meiner sehr deutschen Touristenlektüre ursprünglich gekauft habe, um direkten Fußkontakt mit unsauberen Duschwannen zu vermeiden. Die schweren kanadischen Boots habe ich
15 zum Trocknen an meinen Rucksack gehängt.

Der Anfang des Weges ist einfach und schön zu gehen. Hinzu kommt, dass heute der Hochsommer ausgebrochen ist. Habe das Gefühl, die nasse Kälte von gestern auszuschwitzen. Der Weg führt mich durch wunder-
20 schöne Wälder, in denen es nur so von Schmetterlingen und Eidechsen wimmelt und andere Pilger leider nicht auszumachen sind.

Endlich kann ich auch mal das alpenländisch anmutende Bergpanorama genießen. Nur die Beschilderung des
25 Weges ist heute eher chaotisch und einfallsreich. Man muss schon sehr aufpassen, um die obligatorischen, von

Hand gepinselten gelben Pfeile auf der Straße, an Bäumen, Zäunen oder auf Steinen wahrzunehmen, damit man auf dem rechten Weg bleibt. Trotzdem stellt sich bei mir das Gefühl ein, nicht ich laufe in Latschen nach 30 Santiago, sondern Santiago kommt mir heute in Siebenmeilenstiefeln entgegen!

Die ersten baskischen Dörfer, durch die ich komme, sind traumhaft schön. Das ganze Baskenland kommt mir vor wie ein riesiger Märchenwald. Der Baustil der Häuser ist 35 fantasievoll. Eine Architektur, die sich zwischen Cochem an der Mosel und Timmendorfer Strand bewegt. Und ich frage mich: Wie kann die ETA[2] nur Bomben im Märchenwald legen?

Auf einem wunderschönen Höhenweg sehe ich zwölf 40 riesige Greifvögel, die ganz dicht über mir kreisen. Ich zähle mehrmals nach und kann es kaum glauben. Ein majestätischer Anblick, den ich natürlich mit meiner Wegwerfkamera verewige! Ich habe keine Ahnung, ob es Adler in den Pyrenäen gibt. Selbst mein besserwisseri- 45 sches Vademekum[3] schweigt sich darüber aus; aber so jedenfalls sehen diese Vögel aus. Ich hoffe nicht, dass es sich um Geier handelt, die in mir fette Beute sehen. Schön, dass ich ornithologisch[4] nicht ganz auf der Höhe bin, so kriege ich auch mal zwölf Adler zu sehen! 50
„Lauf weiter, Dicker. Es wird schon gehen."

---

1 **Zubiri:** Dorf in Navarra/Baskenland (Spanien)

2 **ETA:** Abk. f. „Euskadi Ta Askatasuna", Terrororganisation zur Befreiung des Baskenlandes von Spanien
3 **Vademekum:** Reiseführer. Aus dem Lateinischen „vade mecum", übersetzt „geh mit mir".
4 **ornithologisch:** vogelkundlich

2 *Untersuche im Text auf S. 12 Wortwahl und Satzbau:*
a) Markiere die Adjektive rot.
b) Unterstreiche drei Beispiele für treffende Verben.
c) Nicht alle Sätze im Text haben ein Subjekt und ein Prädikat. Markiere unvollständige Sätze gelb. Gib an, welche Wirkung sie auf dich haben.

3 *Lies den folgenden Textauszug.*
a) Markiere Textstellen gelb, die so geschildert sind, dass der Leser oder die Leserin schmunzeln muss.

Tut das weh!

Tja, und nach dem dritten Höhenweg mit schier unbeschreiblicher Fernsicht sind auch, grüß Gott, meine Knieschmerzen wieder da. Hölle! Tut das weh!
Und mich befallen wieder Zweifel, ob ich als pumme-
5 lige couch potato wirklich gut daran tue, mal eben in Badelatschen die Pyrenäen zu überqueren. Dreißig Kilometer am Tag zu marschieren ist eben keine Kaffeefahrt. Mal geht's besser mit dem Knie, dann wieder schlechter. Gepeinigt von stechenden Schmerzen, muss ich mein
10 Lauftempo notgedrungen drastisch reduzieren. Zumal ich statt in ordentlichem Schuhwerk in Gummipuschen herumlatsche. Da guckt dann schon mal der eine oder andere baskische Bauer belustigt aus der Wäsche, wohl wissend, dass das Meer schlappe zweihundert Kilome-
15 ter entfernt liegt.
Irgendwann komme ich dann endlich wieder in ein Örtchen, dessen Herz aus einer kleinen Kneipe besteht. Ich genehmige mir Speis und Trank und kann ein paar Vorräte bunkern⁵. Bananen, Wasser und Brot.

5 **bunkern:** für schlechte Zeiten aufbewahren, hier: einkaufen

20 Gestärkt wandere ich weiter und wundere mich nach einer guten halben Stunde über die Leichtigkeit meines Schritts. Irgendetwas fehlt. Ein Geräusch! Das schürfende Klackern meines Pilgerstabes auf dem Asphalt ist verschwunden. Na prima. Ich habe ihn in der Kneipe stehen
25 lassen. Sofort trabe ich im Eilschritt zurück, um ihn zu holen, denn ohne meinen Stock ist jeder Abstieg unmöglich, und ... irgendwie fehlt mir der Knüppel auch.
Unter sengender Hitze verlassen mich dann kurz darauf wieder die Kräfte, und ich bin drauf und dran, den soeben wiedergefundenen Pilgerstab ins Korn zu werfen.
30 Was tue ich hier? Bin ich noch gescheit? Wenn mein Hausarzt wüsste, wie ich mich vollends übernehme! Badelatschen habe ich schon an, also wieso fahr ich nicht ans Meer?
Aber ich zwinge mich, anders zu denken, und so rede ich
35 mir gut zu: „Lauf einfach weiter, Dicker! Es wird schon gehen."

b) Wähle zwei der von dir unterstrichenen Textstellen aus und erkläre, wie diese Wirkung entsteht.
Orientiere dich am Beispiel.

Hape Kerkeling schildert seine Gefühle während der Wanderung sehr direkt (vgl. Zeile 1–3). Er verwendet Umgangssprache und flucht. Man kann sich gut in seine Sicht hineinversetzen. Dass er der tollen Aussicht des Wanderwegs so unbefangen und beiläufig seine Qual gegenüberstellt, wirkt lustig, weil es nicht zusammenpasst.

4 *Markiere im Textauszug auf dieser Seite Textstellen grün, in denen Gefühle und Gedanken geäußert werden.*

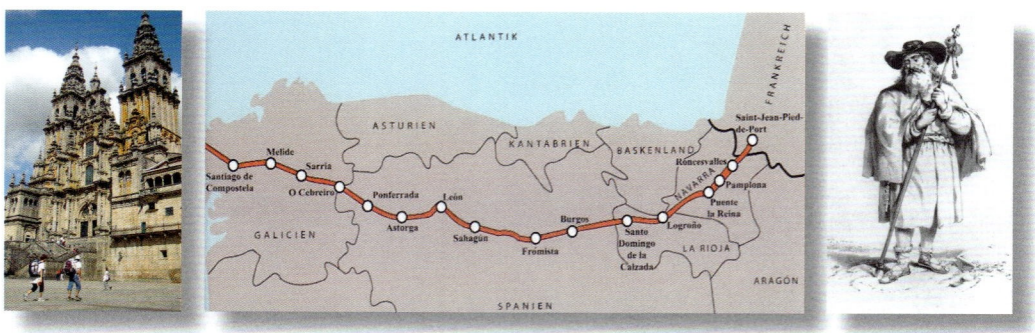

5 Schreibe die angebotenen Ausdrücke passend in die Lücken.

reinste Wanderhölle   im Sturzflug   hat's faustdick hinter den Blättern

eine Art Schlucht durch das wilde Kurdistan   als Entspannungsübung

Abstieg

Ohne Pilgerstab geht nichts mehr, es sei denn _____ .

Ja, und so ist auch dieser Abstieg von weiteren zweieinhalb Stunden die _____ !

Schönes Wetter hin, schönes Wetter her. Der Weg nach unten durch den Wald _____

_____ . Ich knicke sechsmal um. Das sechste Mal so heftig, dass ich mir

5   sicher bin, nicht ohne einen Bänderriss davonzukommen. Ohne den Pilgerstab geht hier gar nichts mehr, es sei

denn im Sturzflug. Ich kann meine Knie kaum noch beugen. Eine einzige Quälerei! Ein Weg ist nicht mehr

zu erkennen, alles sieht eher aus wie _____

_____ . Mittlerweile bezweifle ich,

dass es sich hierbei noch um den offiziellen Pilgerpfad handelt. Das ist doch eher ein ausgetrockneter Wasserfall. Es

10   bleibt mir nichts anderes übrig, als die Kletterei _____ zu nehmen.

Immer nur auf den nächsten Schritt konzentrieren und bloß nicht weiter vorausschauen.

6 Wähle einen der im Text eingetragenen Ausdrücke aus und erkläre mit eigenen Worten, was damit gemeint ist.

_____

_____

_____

_____

7 Erinnere dich: Sicher hast du selbst auch schon einmal eine anstrengende Wanderung gemacht.
Schildere diese Wanderung und deine Gefühle dabei.
Verwende bildhafte Ausdrücke, treffende Adjektive und Verben.
Du kannst auch lustig schreiben.
Arbeite im Heft.

Beschreiben

> **Personen oder literarische Figuren beschreiben**
> Eine Beschreibung soll neutral, genau und sachlich informieren. Schreibe im **Präsens**.
> Du kannst typische Verhaltensweisen und Eigenschaften der Person/Figur beschreiben. Verwende statt allgemeiner Bezeichnungen genaue Angaben, statt „groß" z. B. „hochgewachsen und schlank".
> Vermeide Wiederholungen.
> Wähle aussagekräftige Verben, ersetze besonders „haben" und „sein" durch andere Verben.
> ☐ Nenne in der **Einleitung** den Anlass der Beschreibung.
> ☐ Beschreibe im **Hauptteil** die Person oder Figur detailliert. Dazu gehören Angaben zu Geschlecht, Alter, Gestalt, Gesicht, Bekleidung und besondere Beobachtungen.
> Achte auf eine **sinnvolle Reihenfolge**: Eine Person kann z. B. von oben nach unten beschrieben werden oder vom Gesamtbild ausgehend hin zu Einzelheiten.
> ☐ Zum **Schluss** kannst du schreiben, wie die Person oder Figur auf dich wirkt.

Thomas Mann beschreibt sehr genau und lebendig.

1 *Untersuche im folgenden Auszug die sprachliche Gestaltung der Beschreibung. Markiere im Text alle Adjektive bzw. beschreibende Partizipien.*

Thomas Mann
Tonio Kröger (1903, Auszug)

Beständig mussten die Freunde, der vielen Bekannten wegen, die Mützen herunternehmen, ja, von manchen Leuten wurden die Vierzehnjährigen zuerst gegrüßt ...
Beide hatten die Schulmappen über die Schultern ge-
5 hängt und beide waren sie gut und warm gekleidet; Hans in eine kurze Seemanns-Überjacke, über welcher auf Schultern und Rücken der breite blaue Kragen seines Marineanzuges lag, und Tonio in einen grauen Gurt-paletot[1]. Hans trug eine dänische Matrosenmütze mit
10 kurzen Bändern, unter der ein Schopf seines bastblonden Haares hervorquoll. Er war außerordentlich hübsch und wohlgestaltet, breit in den Schultern und schmal in den Hüften, mit freiliegenden und scharf blickenden stahlblauen Augen. Aber unter Tonios runder Pelzmütze blickten aus einem brünetten[2] und ganz südlich scharf-15 geschnittenen Gesicht dunkle und zart umschattete Augen mit zu schweren Lidern träumerisch und ein we-nig zaghaft hervor ... Mund und Kinn waren ihm unge-wöhnlich weich gebildet. Er ging nachlässig und un-gleichmäßig, während Hansens schlanke Beine in 20 schwarzen Strümpfen so elastisch und taktfest einher-schritten.

1 **Paletot:** doppelreihiger Herrenmantel (Gurt = Gürtel)

2 **brünett:** braunhaarig

2 *Tonio und Hans werden genau beschrieben. Achte auf Gemeinsamkeiten und Gegensätze. Arbeite im Heft eine Tabelle nach folgendem Muster aus.*

	Hans	**Tonio**
Gemeinsamkeiten	*viele Bekannte*	*viele Bekannte*
	...	...
Gegensätze	*hübsch, wohlgestaltet*	...
	...	...

3 *Wähle eine Figur aus und beschreibe sie im Heft mit eigenen Worten. Achte auf die sinnvolle Reihenfolge.*

4 *Beschreibe das Mädchen auf dem Foto. Notiere zunächst in Stichworten Besonderheiten von Gesicht, Ausdruck und Aufmachung (Kleidung, Schmuck, Schminke).*

Gesicht (Form, Stirn, Kinn, Wangen, Farbe): _____

_____

_____

Augen (Form, Farbe, Brauen, Ausdruck): _____

_____

_____

Mund (Form, Mundwinkel, Ausdruck): _____

_____

Nase: _____

Frisur: _____

Besondere Merkmale: _____

_____

Jugendliche in Japan mögen außergewöhnliche Modestile. Sie ahmen z. B. den Stil von Manga-Figuren nach.

Gesichtsausdruck und Körperhaltung: _____

_____

Kleidung und Schmuck: _____

_____

Gesamteindruck: _____

_____

5 *Verbessere die folgende Beschreibung des Mädchens oben rechts. Schreibe in dein Heft. Gestalte die Sätze um und ersetze die Verben „haben" und „sein" durch treffende andere Verben:*

Beispiel:

Das Mädchen hat große Augen → Die großen Augen fallen auf.

Das Mädchen hat große Augen, die einen mandelförmigen Schnitt haben. Die Augen sind verschiedenfarbig. Wahrscheinlich hat das Mädchen farbige Kontaktlinsen. Die Iris im linken Auge ist gelb, die im rechten Auge pinkfarbig. Die Augen sind mit starker schwarzer Schminke umrandet. Die Striche des unteren und oberen Lidstrichs sind im Augenwinkel zusammengezogen. Die Lider haben eine graue Färbung. Die Wimpern sind stark schwarz getuscht. Der Blick ist cool.

6 *Beschreibe das Mädchen auf dem Foto oben ausführlich in deinem Heft. Achte auf eine sinnvolle Reihenfolge. Verwende genaue Angaben, schreibe abwechslungsreich und im Präsens.*

Teste dich! – Schildern und beschreiben

Der folgende Auszug stammt aus dem Roman „Deutschstunde" von Siegfried Lenz.
Siggi Jepsen, die Hauptfigur, hilft seinem Bruder, ein Versteck zu finden.

1 Der Text umfasst sachlich beschreibende und schildernde Abschnitte.
  a) Markiere drei schildernde Textstellen, die eine persönliche Sichtweise des Ich-Erzählers wiedergeben.
  b) Unterstreiche alle Textstellen, die du für eine ausschließlich sachliche Beschreibung
     der Mühle verwenden könntest.

Siegfried Lenz
Deutschstunde (1968, Auszug)

Er fragte nicht, wohin wir gingen oder wie weit, er folgte mir ohne Neugierde, auch ohne Ungeduld, und ich pflügte uns einen Kurs durch das Schilf mit ausgestreckten und spitz zusammenlaufenden Armen und hielt dabei auf den alten Mühlenteich zu und auf die flügellose, verfallende Windmühle, mit der der Wind nichts mehr anfangen konnte. Der sumpfige Boden federte. Manchmal gab die verfilzte Oberfläche nach, der Fuß brach ein, und torfbraunes Wasser sprudelte in die Löcher. Wir stöberten Wildenten auf. Ich sah überall Augen. Rauschend richtete sich das Schilf hinter uns auf. Die Wildenten flogen eine Schleife und fielen hinter uns wieder ein. In der grünen Dämmerung hatte ich das Gefühl, mich auf dem Grund der See zu bewegen, durch schlaff wallende Tangwälder, durch lauerndes Schweigen vorwärts. Dann lichtete sich der Schilfgürtel, und wir hatten den Mühlenteich vor uns und dahinter, auf rostigem Drehkranz, die Mühle. Da? fragte mein Bruder, und ich nickte, sicherte nach allen Seiten, bevor ich über den Holzzaun kletterte und zu dem befestigten Weg lief, der zur Mühle hinaufführte.
Wie soll ich meine Lieblingsmühle vorstellen: auf künstlichem Hügel stand sie, stand erwartungsvoll – wenn auch flügellos – gegen Westen, ihre Zwiebelkuppe war mit Schiefer besetzt, der achteckige, aus übereinandergenagelten Planken gebaute Turm hatte zwei Blitzschläge überstanden. Die hocheingeschnittenen, in weiße Rahmen gefaßten Fenster waren zerbrochen, das Flügelkreuz lag zerkleinert und verfaulend an der Ostseite im Gras, zwischen ausgedienten Mühlsteinen, speichenlosen Rädern und Hufeisen. Die zersplitterte Tür hatte sich lange nicht schließen lassen, bis ich den Boden abtrug und die Angeln neu richtete. Regen, Wind und die Jahre hatten die Rampe zum Einsturz gebracht. Es zog in meiner Mühle, es knackte, pfiff und polterte, und wenn der Wind umsprang von West nach Ost, dann rumorte es oben in der Kuppel, und ein Flaschenzug senkte sich quietschend aus der Höhe, konnte allerdings keine Last finden. Da wurden Glasscherben zerkleinert, da segelten Fledermäuse, die wie Pappstücke aussahen, lautlos über die Tenne, und lose Blechverkleidung schepperte unter der geringsten Berührung. Zerzaust und angeschlagen, verkommen, mit trockenen Scheißhaufen garniert, war meine Mühle sich selbst überlassen, stand schwarz und untauglich im Blickfeld zwischen Rugbüll und Bleekenwarf. Ⓡ

Werte deine Ergebnisse mit Hilfe des Lösungsheftes aus.
Für jeden richtig markierten Satz bekommst du einen Punkt. Für jede richtige Antwort bekommst du einen Punkt.
Für das sorgfältige Lesen des Textes bekommst du fünf Sonderpunkte.

12–9 Punkte	8–6 Punkte	5–0 Punkte
☺ Gut gemacht! + 5 Sonderpunkte fürs Lesen.	☻ Gar nicht schlecht. Schau dir die Merkkästen der Seiten 13 und 15 noch einmal an. + 5 Sonderpunkte fürs Lesen.	☹ Arbeite die Seiten 12–16 noch einmal sorgfältig durch. Du musst zudem genauer lesen.

Schriftlich Stellung nehmen – steigernde Argumentation

> „Stellung nehmen" heißt, jemanden von der eigenen Meinung überzeugen. Dies gelingt durch eine überzeugende **Argumentation**.
>
> Ausgangspunkt einer Argumentation ist die **These** (z. B. eigene Meinung, Behauptung, Tatsache, Forderung). Die These wird durch **Argumente** begründet. Argumente werden durch **Beispiele**, **Belege** oder **Zitate** gestützt.
>
> **Pro:** *Der Mensch muss Fleisch essen* (These), *weil er, rein biologisch betrachtet, ein „Allesfresser" ist.* (Argument) *Der menschliche Körper benötigt zum Beispiel tierisches Eiweiß, um daraus Muskelzellen zu bilden.* (Beispiel)
>
> Wer anderer Meinung ist, formuliert Gegenthese, Gegenargument und Gegenbeispiel.
>
> **Kontra:** *Menschen müssen kein Fleisch essen.* (Gegenthese) *Pflanzliches Eiweiß ist ebenso gut verwertbar wie tierisches* (Gegenargument), *in Asien beispielsweise ist es fester Bestandteil der Alltagsnahrung.* (Gegenbeispiel)

Die Redaktion der Schülerzeitung der Wilhelm-Busch-Realschule veröffentlicht regelmäßig Beiträge zum Thema Ernährung. Für die nächste Ausgabe sind Stellungnahmen pro und kontra „Fleisch als Nahrungsmittel" geplant. Sie stehen unter dem Titel: „Soja- oder Schweineschnitzel?"

1 *Ada ist Vegetarierin[1]. Sie will gegen den Verzehr von Fleisch argumentieren und ist bei ihrer Recherche auf einen Text gestoßen, der völlig durcheinandergeraten ist. Hilf ihr, die Informationen zu ordnen.*
   a) Markiere die These.
   Tipp: Eine These muss nicht am Anfang eines Textes stehen.
   b) Unterstreiche Argumente.
   c) Klammere Beispiele oder Belege ein.

Fleischlos glücklich!

Die meisten der rund 6 Millionen Vegetarier in Deutschland verzichten freiwillig auf Fleisch auf dem Ernährungsplan. Warum eigentlich?

Viele Vegetarier verzichten auf Fleisch, um die Tiere zu
5 schützen. Doch wer sich vegetarisch ernährt, lebt auch gesund. Eine Studie des Deutschen Krebsforschungszentrums beweist, dass Vegetarier älter werden. Untersuchungen verschiedener Institute belegen, dass Vegetarier seltener an Krebs und Diabetes („Zucker") erkran-
10 ken und kaum an Herz-Kreislauf-Erkrankungen leiden. Allein der Wasserverbrauch für die Erzeugung von 1 kg Fleisch ist 400 Mal so hoch wie der für 1 kg Weizen. Mittlerweile ist es recht unkompliziert, vegetarisch zu essen. Vegetarier, insbesondere Kinder und Jugendliche, leiden
15 seltener an Übergewicht. Einige Menschen verzichten aber auch auf Fleisch, weil sie berühmte Vorbilder haben. Albert Einstein, Leonardo da Vinci und der weltbekannte Forscher Alexander von Humboldt haben sich zum Beispiel vegetarisch ernährt. Die Landgewinnung für die Rinderzucht ist z. B. ein großer Faktor bei der Zer-
20 störung des tropischen Regenwaldes. Vegetarisch zu essen, ist gelebter Klima- und Umweltschutz. In deutschen Schlachthäusern sterben täglich weit über 100 000 Tiere. Es gibt genügend Ersatzprodukte und sogar große Fastfood-Ketten bieten heutzutage vegetarische Burger
25 und Gerichte an. Berichte zeigen immer wieder, was für Qualen unzählige Tiere in der Massentierhaltung erleiden. „Man lebt als Vegetarier gesünder und umweltbewusster", betont Soya Proteina, Sprecherin eines Verbandes von Vegetariern.
30

1 **Vegetarier:** Menschen, die kein Fleisch essen

2 *Lege nach folgendem Muster eine Tabelle in deinem Heft an.*
   Trage These und Argumente ein und ordne den Argumenten die passenden Beispiele und Belege zu.

These	Argumente	Beispiele/Belege
☐ _____	☐ *Vegetarier leben gesünder*	☐ _____

> **Im Hauptteil**
> ☐ formulierst du klar deine eigene Meinung (These) zum Thema,
> ☐ führst du Argumente für diese These auf. Beginne mit dem schwächsten und schließe mit dem stärksten Argument.
> ☐ Stütze die Argumente durch Beispiele.
> Abschließend kannst du einen Einwand (Gegenargument) vorbringen, der aber entkräftet wird.

3 *Damit die Argumentation steigernd verläuft, muss Ada die Argumente zunächst nach ihrer Wichtigkeit ordnen. Nummeriere dazu die Argumente in der zweiten Spalte deiner Tabelle. Beginne mit dem schwächsten Argument (1).*

4 *Welchen Einstieg für die Formulierung der These würdest du Ada empfehlen? Sieh dir die folgenden Satzanfänge an und nenne jeweils die Vorzüge ihrer Wirkung.*

A „Meine These: Wer auf Fleisch verzichtet, lebt gesünder!"

Dies ist eine _____

B „Warum wir auf Fleisch auf dem Speiseplan verzichten sollten? – Ich bin der Meinung, dass ..."

_____

C „Einleiten möchte ich meine Argumentation mit der These ..."

_____

5 *Entscheide dich für einen Einstieg und formuliere eine vollständige These, mit der Ada ihren Hauptteil einleiten kann.*

_____

_____

> **TIPP**
> Mache den gedanklichen Zusammenhang zwischen zwei Sätzen deutlich, indem du sie durch **Gelenkwörter** (Konjunktionen, Adverbien) verbindest.
> ☐ Adverbien: *zunächst, außerdem, zusätzlich, weiterhin, anschließend, letztlich, so, demnach, auch, folglich*
> ☐ Konjunktionen: *weil, da, denn, um (zu), damit, indem, sodass, obwohl, trotzdem, aber, sondern, jedoch, falls*

6 *Ada hat mit der Ausarbeitung ihres Hauptteils begonnen. Setze Gelenkwörter sinnvoll ein.*

_____*Zunächst*_____ ist zu sagen, dass uns etliche berühmte und kluge Persönlichkeiten als Vorbilder dienen.

_____ waren zum Beispiel Leonardo da Vinci, Albert Einstein und der Forscher Alexander von

Humboldt Vegetarier, _____ die Tiere zu schützen. _____ ist vegetarische

Ernährung heutzutage unproblematisch, _____ es mittlerweile genügend Ersatzprodukte auf

dem Markt gibt. Viele Vegetarier ergänzen ihre Ernährung, _____ sie Produkte aus Soja, Tofu

und Weizen als Fleischersatz essen. _____ bieten mittlerweile nicht nur Restaurants, sondern

sogar Fastfood-Ketten vegetarische Burger und Gerichte an.

7 *Die folgenden Satzanfänge sind einschränkend. Solche Formulierungen helfen dir, ein Gegenargument zu entkräften. Ergänze jeden Satz, indem du das Gegenargument entkräftest. Arbeite im Heft.*

Gegenargument: *Der menschliche Körper benötigt Fleisch.*
Beispiel: *Vegetarier leiden häufig an Mangelerscheinungen wie z. B. Eisenmangel.*

> *Obwohl viele Menschen glauben, dass der menschliche Körper Fleisch benötigt, muss man im Gegenteil festhalten, dass ...*

> *Zwar ist die Meinung verbreitet, dass ...*

8 *Vervollständige nun den Hauptteil von Adas Stellungnahme (Aufgabe 6) mit Hilfe deiner Tabelle (Aufgabe 2). Achte darauf, deine Sätze durch Gelenkwörter sinnvoll zu verknüpfen. Schreibe in dein Heft.*

> In der **Einleitung** nennst du das Thema und weckst Interesse, indem du
> ☐ kurz seine Bedeutung erklärst,
> ☐ eine Fragestellung dazu erläuterst
> ☐ oder einen aktuellen Bezug herstellst.
>
> Am **Schluss**
> ☐ fasst du die Ergebnisse zusammen,
> ☐ formulierst ein abschließendes Urteil
> ☐ und einen Ausblick, einen Appell oder eine Mahnung.
> Achte darauf, keine neuen Argumente oder Aspekte zum Thema zu liefern!

9 *Ada hat eine Einleitung und einen Schluss für ihre Stellungnahme geschrieben. Überprüfe ihre Texte und kreuze an, ob sie die im Kasten genannten Merkmale berücksichtigt hat.*

Einleitung: *Mehr als 6 Millionen Menschen in Deutschland verzichten freiwillig auf Fleisch und steigen auf vegetarische Ernährung um. Warum sie das (zu Recht) tun, will ich im Folgenden erörtern [...]*

Thema genannt:	☐ erfüllt	☐ nicht erfüllt
Bedeutung erläutert:	☐ erfüllt	☐ nicht erfüllt
Interesse geweckt:	☐ erfüllt	☐ nicht erfüllt

Schluss: *Ich möchte zum Schluss noch sagen, dass ich gegen das Töten von Tieren bin, denn Tiere empfinden Schmerz und Leid wie wir Menschen. Außerdem gibt es mittlerweile auch überzeugende Ersatzprodukte mit Fleischgeschmack.*

Fazit gezogen:	☐ erfüllt	☐ nicht erfüllt
Bezug zur Einleitung hergestellt:	☐ erfüllt	☐ nicht erfüllt
These/Forderung formuliert:	☐ erfüllt	☐ nicht erfüllt

10 *Verfasse selbst eine Einleitung und einen Schluss zu deinem Hauptteil. Schreibe in dein Heft.*

ARBEITSTECHNIK – CHECKLISTE: STELLUNGNAHME PRÜFEN

✔ Sind Einleitung, Hauptteil und Schluss klar gegliedert?
✔ Macht die Einleitung das Thema und seine Wichtigkeit klar?
✔ Steigern sich die Argumente im ▷ Hauptteil, steht das stärkste Argument am Schluss?   ▷ S. 19
✔ Sind die Argumente durch Beispiele belegt?
✔ Kommt die Reihenfolge sprachlich klar zum Ausdruck (▷ Gelenkwörter)?   ▷ S. 19
✔ Sind Wortwahl und Satzbau abwechslungsreich?
✔ Stimmen ▷ Grammatik, ▷ Rechtschreibung und Zeichensetzung?   ▷ S. 36–47, 66–68

Teste dich! – Schriftlich Stellung nehmen

1 These *T*, Argument *A* oder Beispiel/Beleg *B*?
a) Trage zunächst den passenden Buchstaben auf der Linie ein.
b) Ordne jedem Argument ein Beispiel zu, indem du zusammengehörende Kästen in derselben Farbe ausmalst.

Gesundheitsunterricht – dringend notwendig?

☐ Durch eine frühere Aufklärung ließen sich eine Menge Krankheiten und Folgekosten vermeiden. _____

☐ Sie trinken Softgetränke und essen zu viel Fastfood. _____

☐ Wir brauchen Gesundheitsunterricht als Fach an den Schulen. _____

☐ Aufklärungsprojekte in anderen Ländern haben erfolgreich zur Änderung des Essverhaltens Jugendlicher beigetragen. _____

☐ Wer über richtige Ernährung forscht und lernt, überträgt dies auch auf sein Leben. _____

☐ Viele Jugendliche kennen z. B. Kartoffelpüree nur als Pulver aus einer Verpackung. _____

☐ Die meisten Jugendlichen ernähren sich zu schlecht. _____

☐ Allein die Behandlung von Krankheiten als Folge von Übergewicht kostet Milliarden Euro. _____

☐ Das Wissen über die Eigenschaften und das Zubereiten von Lebensmitteln ist stark zurückgegangen. _____

2 Setze in den folgenden Text passende Gelenkwörter ein.

_____ es gibt auch kritische Haltungen gegenüber der Forderung nach einem Schul-

fach Gesundheitsunterricht. _____ meinen diese Kritiker, ein solches Fach sei kaum

vorstellbar, _____ der Stundenplan kein zusätzliches Fach „aushalte". _____

werde das Thema Gesundheit bereits unterrichtet, _____ die Forderung auch inhaltlich

überflüssig sei. _____ Teilbereiche des Themas seien sowohl im Biologie- als auch im

Sport- und Chemieunterricht Inhalte der Lehrpläne. _____ könne es eine sinnvolle

Aufgabe sein, fächerübergreifende Projekte zu organisieren. _____ Gesundheitsunter-

richt ein gut gemeinter Fächervorschlag sei, überfordere er die Schule. _____ müsse

man in dieser Hinsicht die Familien stärker in die Verantwortung nehmen.

3 Aufbau des Hauptteils: Bringe die folgenden Punkte in eine sinnvolle Reihenfolge, indem du sie nummerierst. Achtung: Nicht jeder Punkt gehört in den Hauptteil!

☐ *Gegenargument entkräften*   ☐ *Argumente mit Beispielen und Belegen stützen*   ☐ *Thema klar formulieren*

☐ *These/Forderung klar formulieren*   ☐ *Argumentation steigernd aufbauen*   ☐ *Bezug zur Einleitung herstellen*

Werte deine Ergebnisse aus, indem du deine Antworten mit dem Lösungsheft abgleichst.
Für jede richtige Antwort bekommst du einen Punkt.

26–21 Punkte	20–14 Punkte	13–0 Punkte
☺ Gut gemacht!	☺ Gar nicht schlecht. Schau dir die Merkkästen auf den Seiten 18–20 noch einmal an.	☹ Arbeite die Seiten 18–20 noch einmal sorgfältig durch.

Wortarten: Pronomen und Adverbien

Pronomen (Fürwörter, Stellvertreter) vertreten oder begleiten Nomen. Jedes Pronomen hat ein Bezugswort:

Kathrin macht ihre Hausaufgaben. – Sie ist gewissenhaft.
Hält Kevin das Referat? – Nein, Kathrin hält es.

Das Pronomen richtet sich in Kasus (Fall), Genus (Geschlecht) und Numerus (Anzahl) nach dem Bezugswort (Nomen).

1 *Ergänze das fehlende Pronomen. Markiere das Bezugswort farbig.*

Johann ruft Katharina an und sagt: „Ich habe schon eine Kinokarte gekauft. Sie kostet 6 Euro."

A Der Schüler geht mit seiner Freundin ins Kino. Eine Stunde vor Beginn des Films holt _____ _____

von zu Hause ab.

B Der Film muss allerdings mehrfach vom Filmvorführer neu gestartet werden. _____ hatte _____

nicht richtig eingelegt.

C Johann hat Katharina nach dem Film eine Pizza versprochen, _____ will _____ _____ schenken.

Es gibt verschiedene **Arten von Pronomen:**
1. Personalpronomen
2. Possessivpronomen (besitzanzeigende Fürwörter): *mein, dein, sein/ihr, unser, euer, ihr*
3. Demonstrativpronomen (hinweisende Fürwörter): betontes *der, die, das; diese, jener, dasjenige*
4. Indefinitpronomen (unbestimmte Fürwörter): *man, jemand, keine/r, einige, etwas, jeder*
5. Relativpronomen (am Beginn eines Relativsatzes): *der, die, das*
6. Interrogativpronomen (Fragepronomen): *wer, was, welche/r*
7. Reflexivpronomen (rückbezügliches Pronomen): *mich, dich, sich, uns, euch*

2 a) *Unterstreiche im nachfolgenden Textauszug die Pronomen.*
b) *Schreibe darüber, um welche Art von Pronomen es sich handelt. Verwende die Nummern aus dem Kasten oben.*
c) *Welches der Pronomen ist im Text nicht verwendet?*

Charlotte Kerner
Geboren 1999 (1992, Auszug)

Die Glasscheibe, die Karl immer noch von ihr trennt, spiegelt die schwarzen Buchstaben wider, die auf dem blauen Besucherkittel genau über seiner Brust stehen: AU III. Das ist die Abkürzung für „Artificial Uterus III".
5 Hier fing es an, hier fing er an. Karl sieht sie durch das beschlagene Glas, seine Mutter, die Maschine, seine Maschinenmutter. Dort steht sie, in sanftes Licht getaucht. Meine Mutter ist eine Maschine. Ich bin ein Maschinenkind.

Er möchte aufschreien, sich dieses Bild von der Seele 10 schreien. Hier steht er, der erste Maschinenmensch, geboren 1999. „Seht her, ich bin es", möchte er rufen. „Man nennt mich den Kalten Karl. Zu Recht wohl, die Schraube fällt nicht weit von der Maschine."
Karl schließt die Augen. Er will diese Mutter nicht mehr 15 sehen.

> **TIPP**
> Pronomen helfen, **Wiederholungen** zu **vermeiden**:
> *Nina will Pjotr zum Eis einladen, denn Nina findet Pjotr lustig.*
> Besser: *Nina will Pjotr zum Eis einladen, denn sie findet ihn lustig.*

3 a) *Streiche im folgenden Text Wörter oder Wortgruppen, die du gern ersetzen möchtest.*
   b) *Schreibe den Text im Heft neu und ersetze Wiederholungen durch Pronomen.*
      Achte auf die Übereinstimmung in Kasus, Genus und Numerus.

In der Pizzeria treffen Johann und Katharina auf Klassenkameraden. Die Klassenkameraden waren auch im Kino. Johann und Katharina erzählen den Klassenkameraden die schönste Filmszene. Für Johann und Katharina war die schönste Filmszene die Szene, in der der Held die Heldin befreit. Die Heldin fällt dem Helden um den Hals und die beiden gehen dem Sonnenuntergang entgegen. Den Klassenkameraden hat eine andere Szene besser gefallen. Die Klassenkameraden mochten besonders die Verfolgungsjagd auf dem Motorrad. Die Verfolgungsjagd erzeugte Spannung und bereitete den Klassenkameraden eine Gänsehaut.

> **!**
> **Adverbien** (Umstandswörter; das Adverb) sind Wörter, die im Satz näher bezeichnen, unter welchen Umständen etwas geschieht, z. B.:
> ☐ **wann** (temporal): *heute, bald, bisher, damals, gestern, immer, inzwischen, manchmal, nun, oft, sofort …*
> ☐ **warum** (kausal): *deshalb, nämlich, darum …*
> ☐ **wo** (lokal): *hier, draußen, dort, nebenan, oben, woanders, überall …*
> ☐ **wie** (modal): *gern, leider, nur, sogar, irgendwie, sehr, ziemlich …*
> Adverbien sind unflektierbar, d. h., dass sie im Satzzusammenhang ihre Form nicht verändern.

4 *In den nachfolgenden Sätzen fehlen die Adverbien. Ergänze die Sätze sinnvoll mit Adverbien aus dem Wortspeicher.*

überall	rückwärts	nachmittags	fort
darum	draußen	vielleicht	immer

A In den Sommerferien kann ich _____ länger im Bett bleiben.

B Die Kleidungsstücke liegen _____ im Zimmer.

C Meine Eltern sind für zwei Wochen _____ .

D Nächstes Jahr werden wir _____ zusammen nach Australien fliegen.

E _____ gehe ich mit Freunden ins Schwimmbad.

F Ich mag es besonders, _____ ins Wasser zu springen.

G Es ist gefährlich und _____ verboten, schimpft der Bademeister.

H Zum Glück darf ich am Abend länger _____ bleiben.

Das Verb: Tempus

> **!** Verben bilden verschiedene Zeitformen (Tempora, das Tempus). Konjugierte Verben nennt man als Satzglied **Prädikat**.
>
> Verben im **Präsens** stellen dar,
> □ was gerade geschieht: *Ich lese ein Buch.*
> □ was immer/regelmäßig geschieht: *Morgens lese ich die Zeitung.*
> □ was in der Zukunft geschieht: *Morgen findet die erste Sitzung statt.*
>
> Verben im **Präteritum** und **Perfekt** sagen, was vor der Gegenwart geschehen ist: *Er schenkte ihr ein Buch. Er hat ihr ein Buch geschenkt.*
> Das Präteritum wird überwiegend in der geschriebenen Sprache verwendet, das Perfekt in der gesprochenen Sprache.
>
> Verben im **Plusquamperfekt** beziehen sich auf Ereignisse vor einem vergangenen Geschehen (das im Präteritum steht): *Sie bekam ein Buch, das ihr Vater bereits gelesen hatte.*
>
> Verben im **Futur** geben an, was in der Zukunft geschieht:
> *Im nächsten Jahr werden wir die Zeitung erweitern.*

1 *Unterstreiche in den folgenden Sätzen die Präsensformen. Bestimme dann, welches zeitliche Verhältnis ausgedrückt wird.*

Die Zeitungsgruppe <u>trifft</u> sich am kommenden Donnerstag im Computerraum. *geschieht in der Zukunft*

A Alle Interessierten lesen einmal in der Woche eine Zeitung. _____

B Die Redaktion nutzt den Computerraum zum Schreiben. _____

C Leonie sitzt im Sessel und liest die Zeitung. _____

D Im nächsten Monat erscheint die erste Ausgabe. _____

> **TIPP**
> Prädikate können zweiteilig sein:
> *Die Zeitung wird von vielen gelesen. Ihre Herstellung hat Freude gemacht.*

2 *a) Markiere im folgenden Text alle Prädikate.*
b) Arbeite im Heft: Schreibe die Prädikate heraus und bestimme das Tempus.
c) An drei Textstellen wird das Präsens verwendet. Begründe im Heft, warum.

Die neue Schülerzeitung

An der Nelly-Sachs-Realschule wird über die Neuauflage einer Schülerzeitung diskutiert. Immer wieder hatten Schülerinnen und Schüler die bereits bestehende Zeitung bemängelt, weil sie nur wenig Informationen
5 über den Schulalltag geliefert hatte. Darüber hinaus ließ die Gestaltung sehr zu wünschen übrig.
Damit eine Zeitung nun auch wirklich bei den Schülerinnen und Schülern ankommt, entwickelte eine Gruppe im Vorfeld einen Fragebogen, der die Erwartungen
10 und Wünsche aller ermitteln sollte.

Dabei kam heraus, dass die meisten Schülerinnen und Schüler aktuelle Neuigkeiten über die Schule vermisst hatten. Hier nannten sie zum Beispiel die Vorstellung neuer Lehrkräfte und Berichte über besondere Aktivitäten in den einzelnen Klassen. Auch die Präsentation in- 15 teressanter Bücher wurde gewünscht.
Auf der Grundlage dieser Ideen wird sich nun die neue Zeitungscrew ein Konzept überlegen. Erste Ideen liegen schon auf dem Tisch.

3 *Unterstreiche in dem folgenden Textauszug die Formen des Präteritums blau und die des Plusquamperfekts grün.*

Ingeborg Engelhardt
Hexen in der Stadt (1975, Auszug)

In einer der armseligen Hütten der nördlichen Vorstadt, die mit ihren Höfen und Ziegenställen bis an den Rand der Weinberge hinaufkletterten, schrie in der Nacht ein Kind und begann, jämmerlich und anhaltend zu wei-
5 nen. Die Mutter stand, als das Zerren am Wiegenband nichts half, endlich auf, um den kleinen Schreihals unter sanftem Schütteln und Liedchensummen in der Stube herumzutragen, wie es von alters her bewährt ist bei solchen Anfällen.

10 Nach einer Weile wunderte sie sich, wie hell es von draußen hereinschimmerte durch die fadenscheinige Leinwand, die vor dem Fenster hing. Sie hob das Tuch beiseite und schrak zurück vor der leuchtenden Pracht, die draußen über Hügel, Stadt und Strom ausgebreitet war.
15 Ein paar Stunden später wurde es Tag, ein leuchtender klarer Maimorgen, nur kälter als sonst um diese Jahreszeit. Als die Frau die Haustür öffnete, schrie sie laut. Der gleiche Schrei ertönte um dieselbe Zeit vor vielen Hütten dort oben am Rand der Weinberge, bald auch auf den Gassen und aus den Fenstern der Stadt. Jeder, der ei- 20 nen Blick auf die Weinberge tat, die rings im Kranz die Stadt umgaben, stieß ihn aus oder sprach ein Stoßgebet. Wo gestern noch junges Rebengrün geleuchtet hatte, hing das Laub schwarz wie versengt von den Ranken, vernichtet von einem Nachtfrost, wie es sich so spät im 25 Jahr seit Menschengedenken nicht begeben hatte: an einem 27. Mai. Auch das Korn, das schon in Blüte gestanden hatte, war erfroren und eine Missernte gewiss, noch schlimmer als in den letzten beiden Sommern. Wer hatte das verschuldet? Wie hatten die Unholde und Hexen 30 so viel Macht gewinnen können? Warum hinderte sie niemand? Wo blieb des Bischofs geistliche und weltliche Macht?

4 *Setze die Verben in Klammern im Präteritum ein. Achte auf die richtige Personalform.*

Was stellten sich die Menschen unter einer „Hexe" vor?
Hintergrundinformationen

Die Menschen _____ (stellen) sich früher eine Hexe als hässliche Frau vor, die über besondere Kräfte _____ (verfügen). Dem Volksglauben nach verzauberten Hexen mit ihren Zauberkräften Menschen oder _____ (beeinflussen) das Wetter negativ. So hatten die Menschen schnell einen Sündenbock, wenn Unwetter _____ (auftreten) und die Ernten _____ (zerstören).

Besonders berüchtigt _____ (sein) aber die Walpurgisnacht, die die Hexen auf dem so genannten Blocksberg _____ (abhalten). Hier _____ (tanzen) sie wild auf ihren Besen herum. Allerdings _____ (sprechen) man auch davon, dass sie Kontakt zu anderen Wesen _____ (aufnehmen) und sich in Tiere _____ (verwandeln).

Aktiv – Passiv

> In Sätzen, in denen das Subjekt etwas tut, steht das Prädikat im **Aktiv** (die handelnde Person ist wichtig). Es wird mit der Personalform des Verbs gebildet: *Franziska schrieb einen ausführlichen Bericht.*
>
> In Sätzen, in denen mit dem Subjekt etwas geschieht, steht das Prädikat im **Passiv** (der Vorgang ist wichtig). Es wird mit *werden* + Verb im **Partizip Perfekt** gebildet: *Der Bericht wurde (von Franziska) geschrieben.* In Passivsätzen kann die handelnde Person entfallen. Sie kann mit der Präposition *durch* oder *von* hinzugefügt werden.

Zeitformen	Aktiv	Passiv
Präsens	*Gülcan bereitet das Interview vor.*	*Das Interview wird (von Gülcan) vorbereitet.*
Präteritum	*Gülcan bereitete das Interview vor.*	*Das Interview wurde (von Gülcan) vorbereitet.*
Perfekt	*Gülcan hat das Interview vorbereitet.*	*Das Interview ist (von Gülcan) vorbereitet worden.*
Plusquamperfekt	*Gülcan hatte das Interview vorbereitet.*	*Das Interview war (von Gülcan) vorbereitet worden.*
Futur I	*Gülcan wird das Interview vorbereiten.*	*Das Interview wird (von Gülcan) vorbereitet werden.*

1 a) *Unterstreiche im folgenden Text die Passivformen.*
b) *Arbeite im Heft: Bestimme das Tempus der Passivformen und forme die Sätze in diesem Tempus ins Aktiv um. Achtung: Bei einigen Sätzen musst du ein Subjekt ergänzen, um den Satz im Aktiv zu schreiben. Du kannst dir eine handelnde Person ausdenken.*

Austausch: Rückkehr aus Italien

Seit einer Woche bin ich aus Italien zurück und will euch einen kleinen Einblick in die schöne Zeit geben, die ich nicht missen möchte. Als der Italienaustausch von unserer Lehrerin vorbereitet wurde, konnte ich mir
5 noch nicht wirklich vorstellen, was auf mich zukommt. An dieser Stelle kann ich aber schon sagen, dass meine Erwartungen vollständig erfüllt worden sind.
Nachdem wir von unseren Eltern verabschiedet worden waren, fuhren wir froh gelaunt Richtung Italien, wo
10 wir nach einer langen Reise freundlich und mit offenen Armen von unseren Gastfamilien empfangen und aufgenommen wurden.
Zu Beginn war es schon recht schwierig, sich zu verständigen, weil in Italien sehr schnell gesprochen wird. Allerdings konnten wir nach einiger Zeit bereits unsere 15 Kenntnisse gut einsetzen. Wir wurden von unseren Gastfamilien auch immer wieder aufgefordert, uns auf Italienisch zu verständigen, auch wenn es oft fehlerhaft war. Ich bin auch noch von meiner Gastschwester Giorgia korrigiert worden, was für meine Italienischkennt- 20 nisse wirklich etwas gebracht hat, denn ich wollte mich nicht immer blamieren.

2 *Setze die fehlenden Verbformen im Passiv ein. Beachte das vorgegebene Tempus.*

Das Programm enthielt auch kulturelle Angebote. So _____ unsere Gruppe am ersten Tag von der Bürgermeisterin des Ortes herzlich _____ (begrüßen, Präteritum). Danach _____ wir durch die Stadt _____ (führen, Perfekt). Einige unbekannte, aber wunderschöne Plätze _____ mir von Giorgia _____ (zeigen, Präteritum). Am Ende unseres Aufenthaltes _____ von der Italienischgruppe ein kleines Abschiedsfest _____ (vorbereiten, Plusquamperfekt). Damit hatten wir wirklich nicht gerechnet. Es flossen viele Tränen. Von meiner Gastfamilie _____ ich für das nächste Jahr _____ (einladen, Perfekt).

Das Verb: Modus

> Der Konjunktiv I wird gebildet, indem an den Stamm des Verbs (Infinitiv ohne -en) die Personalendungen angehängt werden:

Infinitiv schreib-*en*	Konjunktiv I
1. Pers. Sg. *ich schreibe*	1. Pers. Pl. *wir schreiben*
2. Pers. Sg. *du schreibest*	2. Pers. Pl. *ihr schreibet*
3. Pers. Sg. *er/sie/es schreibe*	3. Pers. Pl. *sie schreiben*

> Der Konjunktiv I wird in erster Linie bei der ▷ indirekten Rede verwendet.   ▷ S. 30–33

1 *Unterstreiche die Personalform des Verbs im Indikativ* grün, *im Konjunktiv I* blau.

Das Schulfest

Das Schulfest, das am kommenden Freitag gefeiert wird, soll ein voller Erfolg werden. Alle Klassen haben sich etwas Besonderes einfallen lassen. Der größte Teil des Erlöses wird an eine Umweltschutzorganisation gespen-
5 det. Das sei in den Mitwirkungsgremien der Schule so beschlossen worden, erklärte die Vertrauenslehrerin, Frau Glück. Darüber hinaus unterstütze die Schule aber auch verschiedene Projekte vor Ort.
Die Jahrgangsstufe 8 erhofft sich durch ihre Idee einen
10 großen Andrang. Sie stellt das Wissen der Besucherin-nen und Besucher auf die Probe. Dabei handele es sich um Fragen aus den verschiedensten Bereichen, betont Zeynep. Sie selbst habe aber Schwierigkeiten bei den Aufgaben gehabt. Die Fragen seien schon schwierig. Ins-
15 besondere die Bereiche Deutsch, Physik und Mathema-tik stehen auf dem Programm.
Eine Aufgabe aus dem Fragenkatalog lautet: Wie heißt der Genitiv Plural des Nomens „das Haar"?
Bei dieser Aufgabe seien viele Schülerinnen und Schüler
20 gescheitert, stellt Daria fest. Eigentlich, so fährt sie fort, dürfe das nicht sein. Es handele sich um Stoff aus der Unterstufe.
Daria schreibt noch an die Tafel: Wir hoffen, dass die Be-sucherinnen und Besucher viel Spaß haben, und wün-
25 schen allen ein tolles Schulfest mit einem ordentlichen Erlös.

2 *Setze passende Verben im Konjunktiv I ein.*

sein   kommen   wollen   können   haben   stehen   treffen   geben   sein   müssen   dürfen

Ausreden über Ausreden!

Die letzte Sitzung der Zeitungscrew konnte leider nicht stattfinden. Franziska teilte mit, sie _____

nicht kommen, da ihre Oma Geburtstag _____ . Gülcan sagte, sie _____ dringend

zur Zahnärztin. Sofie meinte, das Wetter _____ zu schön, um sich zu treffen. Jannik erklärte, es

_____ auf diesen Termin nicht unbedingt an. Max teilte mit, es _____ auch noch andere

Dinge im Leben, die zu erledigen _____ . Er _____ sich mit seinen Freunden.

Auch die begleitende Lehrperson entschuldigte sich, sie _____ erst wieder in der nächsten Woche

zur Verfügung, weil sie einen wichtigen Termin nicht verpassen _____ . Sie _____

in der nächsten Sitzung einen Vorschlag zu den weiteren Terminen machen.

> Das Verb steht im **Indikativ** (Wirklichkeitsform), wenn ausgedrückt werden soll, dass etwas der Realität entspricht: *Sie sind Journalistinnen und schreiben viele Artikel.*
>
> Wenn ausgedrückt werden soll, dass etwas nicht möglich, nur wünschenswert oder unwahrscheinlich ist, wird der **Konjunktiv II** verwendet: *Sie wären gern Journalistinnen und schreiben viele Artikel.*
> Durch den Konjunktiv II können auch Wünsche oder höfliche Aufforderungen ausgedrückt werden: *Könnten Sie mir bitte den Artikel geben?*
>
> Der Konjunktiv II wird vom Präteritum abgeleitet. Oft kommt es zu einem Wechsel von *a, u, o, au* zu *ä, ü, ö, äu.* Auch wird häufig ein *e* eingefügt.
>
> **Infinitiv: schreiben (Präteritum: ich schrieb)**
>
> | | |
> |---|---|
> | 1. Pers. Sg. *ich schriebe* | 1. Pers. Pl. *wir schrieben* |
> | 2. Pers. Sg. *du schriebest* | 2. Pers. Pl. *ihr schriebet* |
> | 3. Pers. Sg. *er/sie/es schriebe* | 3. Pers. Pl. *sie schrieben* |
>
> Ist der Konjunktiv II identisch mit dem Indikativ Präteritum, wird die **Ersatzform mit *würde*** verwendet: *Sie wären gern Journalistinnen und würden viele Artikel schreiben.*

3 a) Ergänze passende Verben. Bilde immer die Personalform im Konjunktiv II.
b) Unterstreiche den Satz, in dem der Konjunktiv II mit dem Indikativ Präteritum identisch ist. Forme diesen Satz um.

Erste Probleme

Der neuen Redaktion der Schülerzeitung wird klar, dass alle sich anstrengen müssen, um ein gutes Ergebnis zu erzielen. Sofie meint: „Wenn mehr Zeit zur Verfügung _____ (stehen), _____ (können) wir weitere Interviews führen und noch spannendere Artikel schreiben." Kai wirft ein: „Wir _____ (bekommen) auch bessere Ergebnisse, wenn wir nicht so unorganisiert _____ (sein)." Max merkt an: „Wenn wir nicht die ganze Zeit _____ (jammern) und uns dadurch von der Arbeit _____ (abhalten), _____ (haben) wir schon jetzt einiges erledigt." „Ich bin auch der Meinung, dass wir endlich anfangen sollten", wirft Gülcan ein.

Die Zeitung hat auch noch keinen Namen. Jannik macht den Vorschlag: „Über eine Fragebogenaktion _____ (finden) wir sicher einen interessanten und ansprechenden Namen für unsere Zeitung. Unsere Mitschülerinnen und Mitschüler haben bestimmt gute Ideen." „Das ist ein guter Vorschlag. Wir müssen aber auch über die finanzielle Seite sprechen. Wenn wir mehr Geld zur Verfügung _____ (haben), _____ (bekommen) wir auch einen besseren Druck der Zeitung hin. Dadurch _____ (können) wir mehr Exemplare verkaufen. Das _____ (sein) eine sinnvolle Entwicklung." „Wir müssen uns dringend Gedanken über das weitere Vorgehen machen. Wenn ich übers Wochenende nicht _____ (wegfahren), _____ (treffen) ich mich gern mit euch", merkt Franziska an.

4 *Kreuze die richtige Lösung an.*
Einige Prädikate sind zweiteilig.

Neues aus dem Schulalltag – das gesunde Frühstück

Die Umstellung des Schulfrühstücks auf gesunde Nahrungsmittel **?** zu Beginn nicht

so großen Anklang gefunden **?** , teilte die Schulleiterin mit.   ☐ habe   ☐ hätte   ☐ würde haben

Alle Beteiligen **?** skeptisch gewesen.   ☐ seien   ☐ wären

Immer noch **?** viele Jugendliche in der ersten großen Pause das heiße Würstchen **?** , beklagten sich

die Frühstücksmütter.   ☐ vermissen   ☐ vermissten   ☐ würden vermissen

Der Hauswirtschaftslehrer der Schule meinte, die Jugendlichen **?** nicht anderes als Fastfood **?** .

☐ kennen   ☐ würden kennen

Es **?** schwierig **?** , den Kindern gesundes Essen schmackhaft zu machen.

☐ ist   ☐ sei   ☐ wäre   ☐ würde sein

Wenn sie den Kindern die Zubereitung schmackhafter und gesunder Speisen im Unterricht **?** **?** ,

☐ beibringen   ☐ beibrächten   ☐ beibringen würden

? die Jugendlichen bestimmt Gefallen am Kochen und an gesunder Nahrung **?** , teilte

der Hauswirtschaftslehrer mit.   ☐ finden   ☐ fänden   ☐ würden finden

5 *Bilde die passende Verbform. Setze – wenn nötig – die Ersatzform ein.*

Obst _____ bei den Kindern nur selten gut an (kommen), meinte Frau Koch. Dabei _____

Obst wichtige Vitamine (enthalten). Vollkornbrötchen _____ die Frühstücksmütter wegen der Ballast-

stoffe an (bieten). Lisa erklärte, es _____ nur an der nötigen Aufklärung (fehlen).

Die Schulleiterin versprach, bald _____ die Mütter auch „gesunde" Müsliriegel heraus (geben).

Immer _____ sie morgens nur Brötchen, beschwerten sich Frank und Monika (bekommen).

Selten _____ sie Obstsalat in den Auslagen (sehen). Auch gesunde Getränke wie Milch oder Säfte

_____ die Frühstücksmütter kaum _____ (verkaufen).

Formen der Redewiedergabe

Direkte Rede
Die direkte Rede wird oft durch einen **Redebegleitsatz** eingeleitet. Dieser kann an verschiedenen Stellen stehen. Beachte die Zeichensetzung.
Gülcan ruft begeistert: „Die Disko wird ein Erfolg!"
„Die Disko wird ein Erfolg!", ruft Gülcan begeistert.
„Die Disko", ruft Gülcan begeistert, „wird ein Erfolg!"
Tipp: Verwende im Redebegleitsatz verschiedene Verben aus dem Wortfeld „sagen", um abwechslungsreich zu schreiben.

Party, Party

Die Klasse 8 b möchte eine Party durchführen. Vieles ist bereits organisiert, doch einige Fragen sind noch offen. Claudia, Adriana, Marten, Carl und Stefania unterhalten sich auf dem Schulhof darüber.

1 *Verwende die folgenden Äußerungen und schreibe einen Text mit direkter Rede in dein Heft. Wähle geeignete Verben aus. Setze die Redebegleitsätze an verschiedene Stellen im Satz.*

sagen	unterstützen	meinen	mitteilen	vermuten	äußern	erwidern	behaupten

antworten	fragen	feststellen

Ist Timo denn überhaupt schon gefragt worden?

Claudia

Das hoffe ich auch. Wenn Timo die Musik übernimmt, kann eigentlich nichts schiefgehen.

Marten

Das kann ja wohl nicht wahr sein. Seid ihr nicht für die Planung zuständig?

Carl

Ich freue mich auf unsere Klassenfete. Wir werden bestimmt viel Spaß haben.

Adriana
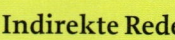

Ich bin mir nicht sicher.

Stefania

Indirekte Rede
Um Äußerungen Dritter wiederzugeben, wird häufig die indirekte Rede verwendet.
Meist wird die indirekte Rede im ▷ Konjunktiv I ausgedrückt.   ▷ S. 27
In einem einleitenden Hauptsatz wird mitgeteilt, wer die Aussage getroffen hat:
Die Schülerin meinte, es bleibe bei dem Termin des Interviews. (Konjunktiv I)

Oft unterscheidet sich der Konjunktiv I nicht vom Indikativ. Dann kannst du den ▷ Konjunktiv II   ▷ S. 28
verwenden oder, wenn dieser ungebräuchlich klingt, die ▷ Ersatzform mit würde.   ▷ S. 29

2 a) Unterstreiche im folgenden Text Stellen, die in der indirekten Rede stehen.
b) Umkreise die Personalformen im Konjunktiv.

Streitschlichtung an unserer Schule

Franziska hat die Streitschlichterinnen und Streitschlichter der Schule interviewt und einen ersten Artikel geschrieben.

Seit einigen Jahren gibt es an unserer Schule die Streit-
5 schlichtung, die bei Konflikten aufgesucht werden kann. Ein angenehmer Raum steht für eine Schlichtung bereit und lädt insbesondere Schülerinnen und Schüler der unteren Jahrgangsstufen ein, im Streitfall freiwillig mit ihren Problemen zu einer Schlichtung zu kommen.
10 Dabei gehe es oft um Belanglosigkeiten, sagt Streitschlichter Jan. Er fährt fort: „So kommt es immer wieder vor, dass ein Streit dadurch entsteht, dass z. B. eine Schülerin einer anderen, ohne zu fragen, etwas wegnimmt. Was für uns manchmal Kleinigkeiten sind, kann für die
15 Streitenden zu einem großen Problem werden."
Damit die Streitschlichtenden ihrer Aufgabe als unparteiische Personen gerecht werden, müssen sie in einer Schlichtung ganz bestimmte Regeln einhalten. „Das ist auch wichtig, damit bei uns keine Unsicherheit entsteht", teilt Dilara mit.
20
Ziel einer Schlichtung sei es, dass die beiden Streitparteien gemeinsam eine Lösung für ihr Problem finden und eine Vereinbarung treffen. „Dadurch wird auch vermieden, dass sich eine Person am Ende als Siegerin fühlt", betont Jan.
25
Allen Streitschlichterinnen und Streitschlichtern mache der Einsatz viel Freude, formuliert der begleitende Lehrer. So fasst es Dilara am Ende zusammen: „Die Arbeit als Streitschlichterin macht viel Spaß. Wir haben festgestellt, dass wir die Erfahrungen auch außerhalb 30 der Schule gut gebrauchen können. Wir rufen aber die Mitschülerinnen und Mitschüler noch einmal auf, das Angebot intensiver zu nutzen."

TIPP

Achte darauf, dass sich beim Wechsel von direkter zu indirekter Rede die **Pronomen ändern**:
Karim meint: „Ich finde, Nadja ist sehr freundlich zu mir."
Karim meint, er finde, Nadja sei sehr freundlich zu ihm.

---

3 Übertrage drei der Äußerungen, die im Text oben in der direkten Rede stehen, in die indirekte Rede.
Achte auf die Veränderungen (Pronomen, Komma).
Tipp: Unterscheiden sich die Formen zwischen Konjunktiv I und Indikativ nicht, musst du Konjunktiv II wählen.

! **Weitere Formen der Redewiedergabe (1)**
Äußerungen können auf verschiedene Weise wiedergegeben werden:
☐ **Direkte Frage** (wörtliche Rede): *Max fragte Frau Sturm, die Sportlehrerin: „Sind Sie früher selbst den Köln-Marathon gelaufen?"*
☐ **Indirekte Frage**: *Max fragte Frau Sturm, die Sportlehrerin, ob sie früher selbst den Köln-Marathon gelaufen sei.*
☐ **dass-Satz mit Konjunktiv I**: *Max fand heraus, dass Frau Sturm den Marathon gelaufen sei.*
☐ **dass-Satz mit Indikativ**: *Max fand heraus, dass Frau Sturm den Marathon gelaufen ist.*

4 *Übertrage die folgenden Äußerungen in die indirekte Rede.*
Verwende verschiedene Formen der Redewiedergabe.

Marathon in Köln

Gülcan: „Wirst du beim Köln-Marathon starten?"

Gülcan fragt Jonathan, ob er _____

Jonathan: „Unbedingt. Das Publikum ist einfach klasse und die Stimmung toppt alle anderen Marathonstädte."

Jonathan antwortet, dass er _____

_____

Gülcan: „Kannst du dir eigentlich vorstellen, nicht am Köln-Marathon teilzunehmen?"

_____

Jonathan: „Nein. Seit ich denken kann, war ich als Zuschauer beim Köln-Marathon dabei.
Jetzt will ich selbst mitlaufen."

_____

_____

Gülcan: „Wirst du die ganze Strecke zurücklegen?"

_____

Jonathan: „Ich bin mir noch nicht sicher, denn die Strecke von 42,195 Kilometern beeindruckt mich schon.
Vielleicht laufe ich auch nur die halbe Strecke."

_____

_____

Gülcan: „Wie sieht deine Marathonzukunft aus?"

_____

Jonathan: „Ich werde mich auf die kommenden Marathonläufe vorbereiten. Mich hat das Fieber gepackt."

_____

> **Weitere Formen der Redewiedergabe (2)**
> Du kannst die Äußerung der Person
> ☐ als **wörtliche Rede** wiedergeben: *„Ich finde Fußballspielen einfach toll", sagt Alina.*
> ☐ Du kannst einige Wörter als **Zitat** einbinden: *„Einfach toll" nennt Alina das Fußballspielen.*
> ☐ Du kannst die Äußerung **mit eigenen Worten umschreiben**, sinngemäß übertragen (**paraphrasieren**): *Alina ist vom Fußballspielen ganz begeistert.*

5 *Jonathan wird gefragt, ob er sich habe vorstellen können, beim Köln-Marathon eine so gute Zeit zu laufen. Bestimme, um welche Art der Redewiedergabe es sich handelt. Schreibe in die Klammer.*

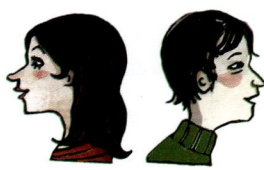

> Jonathan, hast du dir vorstellen können, beim Köln-Marathon eine so gute Zeit zu laufen?

> Nein, das ist schon ein kleines Wunder, aber ich habe mich auch sehr intensiv vorbereitet, sodass ich immer besser werde.

Jonathan verneint und bezeichnet das Ergebnis als „kleines Wunder". (_____)

Jonathan verweist auf sein Training, das deutliche Fortschritte bewirkt. (_____)

6 *Übertrage das folgende Interview in die indirekte Rede. Verwende die angegebene Form der Wiedergabe und schreibe ins Heft.*

Neues von den Fußballerinnen unserer Schule

Indirekte Frage
Indirekte Rede

Indirekte Frage
Indirekte Rede

Paraphrase
Paraphrase mit Zitat

Indirekte Frage
Indirekte Rede mit Zitat

> Schön, dass ihr euch für das Interview Zeit genommen habt. Euer Team besteht nun schon drei Jahre. Gab es in diesen Zeiten auch negative Erlebnisse?

> Am Anfang wurden wir sogar ausgelacht.

Gülcan

> Wir wollten nicht aufgeben. Außerdem wollte ich zusammen mit meinen Freundinnen Sport treiben. Ich freue mich jedes Mal auf unser Training.

> Warum habt ihr trotzdem weitergemacht?

> Als ich mein erstes Tor bei einem wichtigen Spiel erzielte, war ich total stolz auf mich.

> Was war ein besonders tolles Erlebnis für dich, Carina?

Max

Carina

> Habt ihr euch vorgestellt, über eine so lange Zeit gemeinsam zu spielen, Monika?

Monika

> Nein, wir haben nicht geglaubt, dass unser Team so lange bestehen bleibt. Aber unser Erfolg bestätigt, dass Mädchen für diesen Sport geeignet sind, wie ja auch die Frauen-WM bewiesen hat.

Modalverben

Die Modalverben *sollen, müssen, können, dürfen, wollen, mögen* verändern die Aussage des Verbs, zu dem sie treten.
Die Redakteurin schreibt einen Artikel.
☐ Notwendigkeit: *Die Redakteurin muss einen Artikel schreiben.*
☐ Erlaubnis: *Die Redakteurin darf einen Artikel schreiben.*
☐ Auftrag: *Die Redakteurin soll einen Artikel schreiben.*
☐ Möglichkeit, Empfehlung: *Die Redakteurin kann einen Artikel schreiben.*
☐ Absicht, Vorsatz: *Die Redakteurin will einen Artikel schreiben.*

Das Team der Schülerzeitung trifft sich und formuliert wichtige Punkte für die weitere Arbeit.

1 *Ergänze das passende Modalverb. Achte auf die richtige Personalform.*

Ich _____ meine Artikel noch verständlicher schreiben.

(Notwendigkeit)

Gülcan

Manche Lehrkräfte _____ nicht interviewt werden.

Hier _____ wir hartnäckiger bleiben.

(Absicht/Notwendigkeit)

Wir _____ auch Bilder einbinden. Das wird dann ansprechender.

(Möglichkeit)

Max

Franziska

Leider _____ wir nur montags in den Computerraum.

(Erlaubnis)

Jannik

Unser Deutschlehrer meint, dass wir öfter in ein Wörterbuch schauen _____ .

(Auftrag)

Sofie

Die Schülerinnen und Schüler wollen für ihre Zeitung noch besser werden. Sie schreiben einige Ideen auf.

2 *Formuliere diese Ideen mit verschiedenen Modalverben. Bilde vollständige Sätze.*

Artikel noch besser schreiben *Die Artikel müssen* _____

für jeden ein Exemplar drucken _____

alle Lehrkräfte vorstellen *Wir können* _____

im Team alles absprechen _____

Kritik annehmen von Schülerinnen und Schülern _____

Anregungen annehmen _____

regelmäßig treffen _____

interessante Menschen vorstellen _____

Teste dich! – Rund ums Verb

1 *Bestimme das Tempus.*

A Nachdem die Zeitung **gedruckt worden war**, **ging** sie sofort in den Verkauf. _____ , _____

B Die Zeitung **fand** reißenden Absatz. _____

C Die Schülerinnen und Schüler **haben** sich riesig **gefreut**. _____

D Sie **werden** auch im kommenden Jahr **weitermachen**. _____

2 *Kreuze die richtigen Antworten an.*

A ☐ Der Konjunktiv I wird für die direkte Rede verwendet.

B ☐ Beim Konjunktiv II wird an den Stamm (Infinitiv) des Verbs die Personalendung gehängt.

C ☐ Der Konjunktiv I wird auch bei einem unerfüllbaren Wunsch verwendet.

D ☐ Der Konjunktiv II kann auch einen Wunsch ausdrücken.

E ☐ Stimmt der Indikativ mit dem Konjunktiv I in der indirekten Rede überein, wird der Konjunktiv II als Ersatz verwendet.

3 *Kreuze an, ob es sich um eine Konjunktiv-I- oder um eine Konjunktiv-II-Form handelt.*

	Konjunktiv I	Konjunktiv II
sie schreibe	☐	☐
er läse	☐	☐
ihr müsset	☐	☐
du gäbest	☐	☐
sie berichte	☐	☐

4 *Schreibe folgende Äußerungen in der indirekten Rede auf.*

Franziska meinte: „Ich habe mir nicht vorstellen können, so viele Exemplare zu verkaufen.“

_____

Gülcan erwiderte: „Wir stellen unser Licht oft unter den Scheffel. Das muss nicht sein.“

_____

5 *Was drücken die Modalverben in den folgenden Sätzen aus? Notiere.*

In der nächsten Ausgabe müssen wir über die Garten-AG schreiben. _____

Wir können auch über die Klassenfahrten berichten. _____

Ich will auf jeden Fall die neue Referendarin interviewen. _____

Werte deine Ergebnisse aus, indem du deine Antworten mit dem Lösungsheft abgleichst.
Für jede richtige Antwort bekommst du einen Punkt.

17–12 Punkte	*11–7 Punkte*	*7–0 Punkte*
☺ *Gut gemacht!*	☺ *Gar nicht schlecht. Schau dir die Merkkästen auf den Seiten 22–34 noch einmal an.*	☹ *Arbeite die Seiten 22–34 noch einmal sorgfältig durch.*

Satzglieder

Die Satzglieder eines Satzes können aus einem oder mehreren Wörtern (Wortgruppe) bestehen.
Du kannst die Satzglieder mit der Umstellprobe ermitteln und Sätze abwechslungsreich schreiben:

| Stan Lee | erfand | Spider-Man | vor über 40 Jahren |

| Vor über 40 Jahren | erfand | Stan Lee | Spider-Man. |

Satzglieder im Überblick:

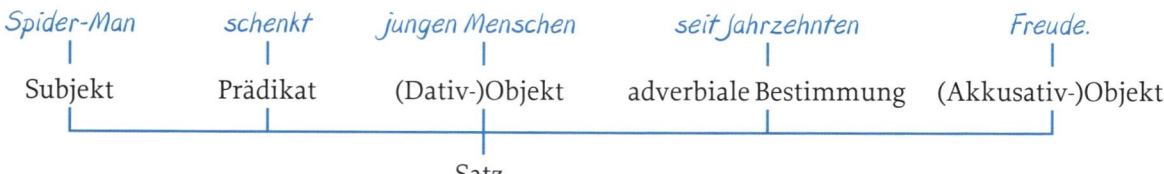

Spider-Man	schenkt	jungen Menschen	seit Jahrzehnten	Freude.
Subjekt	Prädikat	(Dativ-)Objekt	adverbiale Bestimmung	(Akkusativ-)Objekt

Satz

Die Verben **sein**, **bleiben**, **werden** und **heißen** verlangen neben dem Subjekt ein weiteres Satzglied, das **Prädikativ**. Dies kann ein Nomen oder ein Adjektiv sein.

Spider-Man ist <u>ein Superheld</u>. (Nomen)
Prädikativ

Spider-Man ist <u>stark</u>. (Adjektiv)
Prädikativ

1 *Finde mit Hilfe der Umstellprobe die Satzglieder heraus. Trenne sie mit einem Strich.*

„Spider-Man" – von der Comicfigur zum Kinostar

A Spider-Man | heißt | in Amerika | „The Amazing Spider Man".

B In Bildern und Sprechblasen wird die Geschichte von Peter Parker erzählt.

C 1962 erschien der erste Spider-Man-Comic in Form einer Fortsetzungsgeschichte.

D Spider-Man wurde in Deutschland erstmals 1966 veröffentlicht.

E Die deutsche Fassung blieb wegen Schwierigkeiten des Verlags lückenhaft.

F Den Leserinnen und Lesern fehlten immer wieder einzelne Episoden.

G Seit 1998 bringt der Marvel-Verlag in Deutschland die deutsche Fassung des Comics heraus.

Die Umstellprobe hilft dir, Texte zu überarbeiten. Du kannst
☐ Wichtiges an den Satzanfang stellen und so hervorheben,
☐ immer gleiche Satzanfänge vermeiden.

2 *Stelle die Sätze aus Aufgabe 1 um.*
Schreibe in dein Heft.

3 *In zwei Sätzen in Aufgabe 1 gibt es ein Prädikativ.*
Unterstreiche es.

ARBEITSTECHNIK – OBJEKTE BESTIMMEN MIT DER FRAGEPROBE

1. **Akkusativobjekt**
   Comicfan Arno liebt Superhelden.   liebt **wen** (oder was)?
2. **Dativobjekt**
   Er erzählt seiner Freundin Hannah von seiner Idee.   erzählt **wem**?
3. **Genitivobjekt**
   Arno ist sich Hannahs Zustimmung sicher.   ist sich **wessen** sicher?
4. **Präpositionalobjekt**   (erfragt man mit einer Präposition)
   Spider-Man kämpft für eine bessere Welt.   **Für was**? **Wofür**? kämpft für …
   Verbrecher fürchten sich vor dem Superhelden.   **Vor wem**? **Wovor**? fürchtet sich vor …

4 a) Ergänze im folgenden Lückentext die Objekte. Achte auf den richtigen Kasus (Fall).
b) Bestimme jedes Objekt. Trage die entsprechende Ziffer aus dem Merkwissen ein.

ein eigener Film	der Superheld	der Hobbyregisseur	der Name	die passende Geschichte
Ideen	die Schwierigkeiten	das Gebäude	die Diebe	der überraschte Held
ein Mittäter	die Stromstöße seines Gegners	der wehrlose Spider-Man	wertvolle Gemälde	

„Spider-Man und ???"

Arno will *einen eigenen Film* (*1*) drehen. _____ (__) soll darin eine weibliche Superheldin

zur Seite stehen. Ihr möglicher Name ist _____ (__) allerdings noch nicht klar. Hannah soll

sich _____ (__) und _____ (__) dazu ausdenken. Die beiden sind sich _____

_____ (__) dieser Aufgabe bewusst und beginnen sofort, _____ (__)

zu sammeln: Weil Peter Parker während eines Museumsbesuchs fasziniert eine Mumie betrachtet, wird er versehent-

lich in _____ (__) eingeschlossen. In der Nacht will der gefährliche Mister Electric _____

_____ (__) stehlen. Als Peter dann als Spider-Man einschreitet, überwältigt er zwar

_____ (__), jedoch kann er _____

(__) nicht standhalten und wird gefesselt. Dann tritt die Superheldin auf. Sie befreit _____

_____ (__) gibt _____ (__) unvermittelt einen Kuss und setzt

_____ (__) hinterher.

5 a) Unterstreiche im folgenden Text die Präpositionalobjekte und die dazugehörenden Verben.
b) Umkreise die ▷ Prädikative.   ▷ S. 36

Hannahs Heldin heißt Braingirl und im normalen Leben Lara. Lara will später Tierärztin werden und hofft deshalb
auf einen erfolgreichen Schulabschluss. Um gegen das Böse zu kämpfen, schlüpft sie in ihren Superheldenanzug. Der
Anzug ist gelb. Er ist mit vielen Formeln versehen. Seit ihrem zwölften Lebensjahr trauert sie um ihre Eltern, die bei
einem Verkehrsunfall gestorben sind. Seitdem kümmert sie sich um ihren kleinen Bruder Jonas. Jonas ahnt nichts
von Laras Doppelleben. Seit dem Treffen im Museum schwärmt sie für Spider-Man.

> **Adverbiale Bestimmungen** (Umstandsbestimmungen) sind Satzglieder, mit denen man die **Zeit**, den
> **Ort**, den **Grund** und die **Art und Weise** eines Geschehens genauer bestimmen kann.
> Man unterscheidet folgende adverbiale Bestimmungen:

Warum? In welchem Fall? Wozu?		**Wo?** Wie weit? Wohin? Woher?
Wie? Womit? Wie viel?		**Wann?** Bis wann? Wie lange? Wie oft? Seit wann?

Grund · Ort · Art und Weise · Zeit · adverbiale Bestimmung

6 *Unterstreiche im folgenden Text die adverbialen Bestimmungen mit den Farben, die im Merkkasten vorgegeben sind.
Achtung: In einem Satz können mehrere adverbiale Bestimmungen auftauchen!*

Bereits 1967 wurde eine erste Cartoon-Serie (Comic-Film) in Amerika produziert. Seit Ende der Siebzigerjahre lief
einige Zeit eine Fernsehserie in den USA. Drei Doppelfolgen der Serie liefen mit nur geringem Erfolg in den deutschen Kinos. Wegen des niedrigen Budgets hatten die Filme nur mäßige Qualität. Noch mehrere Male scheiterten
Versuche, den Stoff zu verfilmen.

Sam Raimis Spider-Man-Verfilmung brachte im Jahre 2002 den großen Durchbruch. Im Erfolgsfall sollten weitere
Teile produziert werden. Der Film war weltweit ein Kassenschlager. Der Hauptdarsteller Tobey Maguire wurde über-
raschend weltberühmt. Dem erfolgreichen ersten Teil folgten in den Jahren 2004 und 2007 die Teile zwei und drei.
Der dritte Teil war mit einem Budget von 258 Millionen US-Dollar der teuerste Film aller Zeiten.

ARBEITSTECHNIK – GENAUER SCHREIBEN MIT ADVERBIALEN BESTIMMUNGEN

Mit der **Erweiterungsprobe** kannst du Ungenauigkeiten vermeiden:

Ich habe <u>aus Langeweile</u> <u>letzte Woche</u> <u>im Maxi-Kino</u> <u>höchst vergnügt</u> einen Film angeschaut.
　　　　　Warum?　　　　*Wann?*　　　*Wo?*　　　　*Wie?*

7 *Der folgende Text wird durch adverbiale Bestimmungen genauer. Wähle die inhaltlich passenden Ergänzungen aus.
Prüfe, um welche Art der adverbialen Bestimmung es sich hier handelt, und schreibe sie in der im Merkwissen vorgegebenen Farbe in die Lücke.*

mit einem Netz	vor dem Filmstart	nach exakt 53 Minuten	in den Augen von Spider-Man
zwischen zwei Türme	nach diesem schrecklichen Vorfall	als Spiegelbild	im Film

<u>Vor dem Filmstart</u> wurde ein Werbespot zurückgezogen. Spider-Man fängt einen Hubschrauber _____

_____, das er _____ gespannt hat. _____

_____ gibt es _____ eine Einstellung, in der man das World Trade Center sieht. Man

kann _____ die beiden Türme _____

erkennen, die jedoch inzwischen dem Terroranschlag vom 11. September 2001 zum Opfer gefallen waren. Der Wer-

bespot mutete _____ geschmacklos an.

ARBEITSTECHNIK – ANSCHAULICH SCHREIBEN MIT DER ERWEITERUNGSPROBE

Ein Satz wird anschaulicher und wirkungsvoller, wenn man wichtige Nomen um treffende Wörter erweitert. Solche Erweiterungen von Nomen heißen **Attribute** (Beifügungen). Sie können vor oder hinter dem Nomen stehen, auf das sie sich beziehen.

Das   Leben   beschäftigt Comicfans.

     aufregende   des Peter Parker

Attribute erweitern ein Satzglied. Sie werden bei der ▷ **Umstellprobe** gemeinsam mit ihrem Bezugswort verschoben.

▷ S. 36

Es gibt verschiedene **Arten von Attributen**:
1. *Das Leben <u>des jungen Peter Parker</u> verändert sich gravierend.* (Nomen im Genitiv)
2. *Er macht eine <u>ungewöhnliche und verstörende</u> Verwandlung durch.* (Adjektiv/Partizip + Nomen)
3. *Peter geht auf eine High School <u>von geringer Bedeutung</u>.* (Präposition + Nomen)

8 a) *Trenne die Satzglieder der folgenden Sätze durch Striche ab. Die Umstellprobe hilft dir.*
b) *Unterstreiche anschließend die Attribute und notiere in der Zeile darüber, um welche Art von Attribut es sich handelt. Verwende die Ziffern aus dem Merkwissen.*

Ein schönes Superheldenleben?

Der <u>*elternlose*</u> [2] Peter Parker | lebt | bei der Familie <u>*seines Onkels*</u> [1] . In der Schule ist der schüchterne Peter der Außenseiter mit einer Hornbrille. Bei einem Besuch in einem Forschungslabor wird er von einer genetisch manipulierten Spinne gebissen. Er entwickelt ungeahnte Superkräfte und wird Spider-Man. Das Leben mit der Doppelrolle hat für Peter jedoch auch Nachteile: So gerät er häufig in heftige Gewissenskonflikte. Besonders die Liebe zu seiner Klassenkameradin Mary Jane bringt ihn immer wieder in schwierige Situationen. Es geht bei der Geschichte also auch um die Entwicklung des jungen Helden. Er muss lernen, die Verantwortung eines Erwachsenen zu tragen.

! Die **Apposition** (Einschub) ist eine besondere Form des Attributs. Sie erklärt ihr Bezugswort in einem kurzen Einschub genauer:
- ☐ Sie besteht (mindestens) aus einem Nomen und Begleiter(n).
- ☐ Sie folgt immer ihrem Bezugswort und steht in demselben Kasus.
- ☐ Sie wird durch Kommas eingeschlossen.

Der Grüne Kobold, <u>der Gegenspieler Spider-Mans</u>, ist der Vater von Peters Freund Harry.
Ein Serum verhilft dem Grünen Kobold, <u>dem Gegenspieler Spider-Mans</u>, zu seinen Superkräften.

9 *Ergänze in jedem der folgenden Sätze eine passende Apposition. Schreibe in dein Heft und achte darauf, dass die Apposition hinter dem richtigen Bezugswort steht (Kasus!). Denke an beide Kommas.*

<u>*Haupthandlung des Films*</u>   *amerikanischer Filmkomponist*

Kussszene zwischen Mary Jane und Spider-Man   *bekannter Hollywood-Regisseur*

Der Plot des Films spricht besonders jugendliche Zuschauer an.

Der Plot, die Haupthandlung des Films, spricht besonders jugendliche Zuschauer an.

A Eine bestimmte Szene des Films ist besonders berühmt geworden.

B Die Musik Danny Elfmans hat auch zum Erfolg des Films beigetragen.

C Der Film von Sam Raimi weicht an einigen Stellen bewusst von der Comic-Vorlage ab.

Wiederholung: Satzreihe und Satzgefüge

Eine **Satzreihe** besteht aus zwei oder mehr selbstständigen Hauptsätzen, zwischen denen ein **Komma** steht: *Es wird geschrien, alle sind aufgeregt, Fans des Gegners ernten böse Blicke.*

Einige **Konjunktionen** (Bindewörter) verbinden Hauptsätze:
□ Vor *und* oder *oder* muss kein Komma stehen. Du kannst es aber zur Verdeutlichung setzen:
   Es wird geschrien (,) und alle sind aufgeregt.
□ Vor *denn* und *aber* muss ein Komma stehen:
   Fans des Gegners ernten böse Blicke, denn alle sind aufgeregt.

Ein **Satzgefüge** besteht aus einem selbstständigen Hauptsatz und einem abhängigen Nebensatz. Dem Nebensatz geht meist eine **Konjunktion** voran, z. B. *dass, weil, obwohl.*
Haupt- und Nebensatz sind durch ein Komma getrennt:
□ *Es wird geschrien, weil alle aufgeregt sind.* Hauptsatz – Nebensatz
□ *Weil alle aufgeregt sind, wird geschrien.* Nebensatz – Hauptsatz
□ *Es wird, weil alle aufgeregt sind, geschrien.* Hauptsatz – Nebensatz (zwei Kommas) – Hauptsatz

1 *Markiere im Text die Hauptsätze* rot*, die Nebensätze* grün*.*
Unterstreiche die Konjunktionen und setze die Kommas.

Flexibel und mobil

Koordinationstraining aktiviert die tiefe Muskulatur

Leistungssportler trainieren das Zusammenspiel aller für eine Bewegung wichtigen Muskeln damit Leistungsreserven für den Spitzensport erschlossen werden. Wenn der sportliche Gegner in Sachen Kraft, Ausdauer und Schnelligkeit auf demselben Niveau ist können über Koordination und Beweglichkeit Vorteile herausgeholt werden. Auch die Verletzungsgefahr sinkt weil man flexibler und schneller reagieren kann. Da die Fitness-Industrie dieses Bedürfnis erkannt hat wurden immer neue Übungen zum Koordinationstraining entwickelt. Viele Übungen führt man auf einem Bein stehend aus während das andere Bein bewegt wird.

2 *Bilde aus den folgenden Hauptsätzen sinnvolle Satzreihen.*
a) Verbinde passende Satzteile, indem du die Buchstaben in die freien Kästen einträgst.
b) Schreibe die vier Satzreihen in dein Heft. Prüfe, ob du das Komma richtig gesetzt hast.
Du kannst auch Konjunktionen verwenden.

„Neurobics" – Aerobic fürs Gehirn?

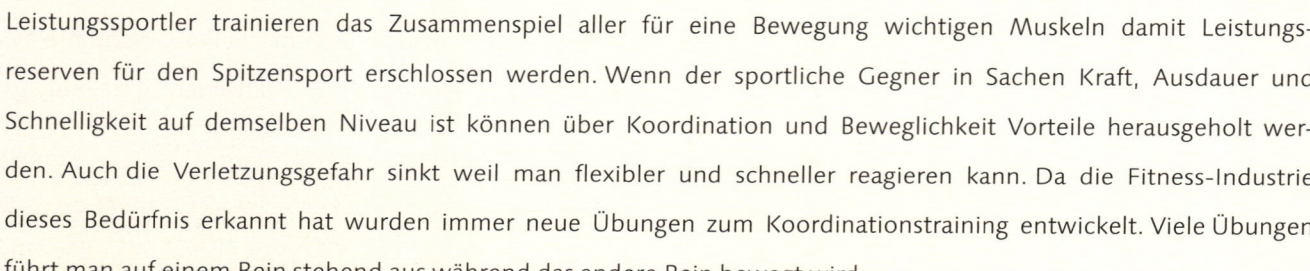

A Im Alltag fällt Konzentration manchmal schwer.

B Das Gehirn ist kein Muskel.

C Gehirnjogging macht nicht intelligenter.

D Häufige Übung macht den Meister.

☐ Man trainiert das Gedächtnis und das logische Denken.

☐ Knifflige Denksportaufgaben stärken die grauen Zellen.

☐ Der Mensch lernt durch Denksportaufgaben nichts Neues.

☐ Die Verbindungen zwischen den Gehirnzellen können trainiert werden.

Konjunktion
A _____
B _____
C _____
D _____

> ▷ Adverbiale Bestimmungen können als Nebensätze auftreten. Diese heißen Adverbialsätze. ▷ S. 38
> Adverbialsätze werden durch **Komma** vom Hauptsatz getrennt. Sie werden mit Konjunktionen
> eingeleitet.

Zusammenhänge erfragen	Konjunktionen
1. Wann? Seit wann? Wie lange?	*als, während, nachdem, bis*
2. Unter welcher Bedingung? Wann?	*wenn, falls, sofern*
3. Mit welcher Folge? Mit welcher Wirkung?	*dass, sodass (so ..., dass)*
4. Aus welchem Grund? Aus welcher Ursache? Warum?	*weil, da*
5. Mit welcher Absicht? Zu welchem Zweck?	*damit, um (+ Infinitiv mit zu)*
6. Wie? Auf welche Weise?	*indem, ohne dass*
7. Trotz welcher Gegengründe?	*obwohl, obgleich, wenngleich*

Avalons Geheimnis

Die Sage um König Artus und die Ritter der Tafelrunde spielt im nebelverhangenen Avalon. Doch wo ist dieses Avalon? Hat es wirklich existiert?

3 a) *Füge immer zwei Sätze mit der vorgegebenen Konjunktion zu einem Satzgefüge zusammen. Schreibe die Sätze auf. Du kannst den Nebensatz nach oder vor den Hauptsatz stellen. Vergiss das Komma nicht.*
b) *Notiere hinter jedem Satz, welcher logische Zusammenhang hergestellt wurde. Verwende die Ziffern aus dem Merkkasten.*

> **TIPP**
> Der Nebensatz endet mit der Personalform des Verbs.

Die Lage von Avalon ist schwer nachzuweisen. Die Kelten[1] lehnten schriftliche Aufzeichnungen ab. ☐ *weil*

_____

_____

Glastonbury Tor (Somerset, England). „Tor" ist keltisch und bedeutet spitz zulaufender Hügel. Die Kelten nannten diese Gegend „Ynys yr Afalon", „ynys" bedeutet Insel.

Das Bleikreuz vom Glastonbury Tor ist schon lange verschwunden. Es gilt im Volksmund bis heute als Hinweis auf König Artus' Grab. ☐ *obwohl*

_____

_____

_____

Der Hügel ragt aus dem nebeligen Sumpf hervor. Die Beschreibung von Avalon als Insel trifft zu. ☐ *sodass*

_____

_____

---

1 **Kelten:** Stämme, die ca. 800–50 v. Chr. in Mittel- und Westeuropa lebten. König Artus ist Teil der keltischen Sagenwelt.

Auf dem Friedhof von St. Michael's ist angeblich das Grab von König Artus.

4 *Ergänze in den folgenden Sätzen die passenden Konjunktionen.*

| sodass | nachdem | wenn | indem | weil | während | als | obwohl | damit |

Einkauf ohne Plastiktüte?

_____ man heftig über die Wegwerfgesellschaft diskutierte, ersetzte die Plastiktüte in den 1960er-Jahren schnell die Tasche aus Papier. Die Polyäthylen-Tragetasche war so überaus erfolgreich geworden, _____ der Rohstoff Erdöl damals sehr preiswert zu haben war. Im Jahr 1973 verteuerte die Ölkrise die Produktion von Plastikbeuteln, _____ man nach Alternativen suchte. _____ Beutel aus Jutefasern in Mode gekommen waren, wurde der Slogan „Jute statt Plastik" zum geflügelten Wort. Die Industrie setzte die Kunststofftasche jedoch wieder durch, _____ sie nachwies, dass Polyäthylen in der Herstellung eine bessere Umweltbilanz habe als Papier. _____ große Künstler beteiligt waren, wurde der Plastikbeutel sogar zum Kunstobjekt. Der Aktionskünstler Joseph Beuys bedruckte für eine Kunstausstellung zehntausend Kunststofftaschen, _____ seine politische Botschaft gesehen wurde. _____ der Handel sich die Tüten dann bezahlen ließ, trug dies zur Verringerung des Mülls, aber auch zur Gewinnsteigerung des Einzelhandels bei. Umweltbewusste Menschen verwenden ihre Plastikbeutel mehrfach, _____ andere sich bei ihrem Einkauf gar nicht um Müllvermeidung kümmern.

5 *Wähle aus dem Text zu Aufgabe 4 fünf Sätze aus und schreibe diese mit* ▷ *eingeschobenem Nebensatz auf. Achte auf die Kommasetzung.* ▷ S. 40

_____

_____

_____

_____

_____

_____

_____

_____

_____

6 *In den folgenden Sätzen sind verschiedene adverbiale Bestimmungen unterstrichen.*
Forme die adverbialen Bestimmungen in ▷ Adverbialsätze um.
Achte auf sinnvolle Konjunktionen und setze die Kommas (▷ Satzgefüge).

▷ S.41
▷ S.40

A Infolge unserer Bequemlichkeit werden rund fünf Milliarden Plastiktüten gekauft.

Es werden rund fünf Milliarden Plastiktüten gekauft, weil _____

_____

B Wegen der Geräumigkeit der Plastiktüte kaufen wir bis zu 21 Prozent mehr ein.

_____

_____

C Heute werden durch die Benutzung des umweltfreundlichen Polyäthylens giftige Abgase in der Müllverbrennung weit gehend vermieden.

_____

_____

_____

D Seit den 1980er-Jahren werden die Tüten der Einfachheit halber hauptsächlich aus Polyäthylen produziert.

_____

_____

E Auf Grund wachsenden Umweltbewusstseins bemüht sich die Industrie um die Verwendung nachwachsender
Rohstoffe für die Produktion von Tragetaschen.

_____

_____

_____

F Eine sparsamere Verwendung von Plastiktüten würde die Umweltverschmutzung durch geringeren Rohstoffverbrauch und weniger Müll verringern.

_____

_____

_____

Subjekt- und Objektsätze: dass-Sätze

Das ▷ Subjekt eines Satzes kann von einem Nebensatz gebildet werden. Er heißt **Subjektsatz:**   ▷ S. 36

—————— **Wer** oder **was** ist unglaublich? ——————
Es ist unglaublich, dass ein Buch derart spannend sein kann.
—————————— **Subjektsatz** ——————————

Auch das ▷ Objekt eines Satzes kann von einem Nebensatz gebildet werden. Er heißt **Objektsatz:**   ▷ S. 37

—————— **Wen** oder **was** finde ich? ——————
Ich finde, dass dieses Buch toll erzählt ist.
—————————— **Objektsatz** ——————————

1 a) Unterstreiche im folgenden Text die Subjekt- und Objektsätze.
b) Stelle fest, um welche Nebensätze es sich handelt. Stelle die Frage und trage ein:
   Wer oder was? → Subjektsatz *S*
   Wen oder was? → Objektsatz *O*
c) Setze die fehlenden Kommas.

Jens berichtet in der Pause über einen Roman von David Klass, den er gerade gelesen hat. Der Titel ist „Wenn er kommt, dann laufen wir". Jens ist begeistert, denn das Buch war sehr spannend.

Der Schrecken im Alltag

Ihr könnt mir glauben dass ich schon lange nicht mehr so ein spannendes Buch gelesen habe. (*O*) Man merkt beim Lesen kaum dass es langsam spät und später wird. (____) Dass das ein echter Psychothriller ist bezweifelt wohl niemand. (____) Es ist toll dass es solche Bücher gibt. (____) Worum es geht?

Es geht um einen Jungen namens Jeff. Man erfährt dass er mit seinen Eltern in einer Kleinstadt in den USA lebt. (____) Die Familie hofft dass sie dort ein neues Leben aufbauen kann. (____) Jeff meint eigentlich dass er glücklich ist. (____) Aber auch ein bisschen gelangweilt. Er ist verliebt, spielt gern Fußball und ist leidlich gut in der Schule. Es ist offensichtlich dass er einer von uns sein könnte ... (____)

Dann wird eines Tages Jeffs älterer Bruder Joy aus dem Gefängnis entlassen und entscheidet dass er wieder bei seiner Familie leben will. (____) Die Eltern sind überzeugt dass Joy wieder auf die rechte Bahn zurückfinden wird. (____) Dass Joys Vorleben in der Stadt verborgen bleibt bezweifelt Jeff jedoch. (____) Zu Recht. Es ist typisch dass schnellstens alle Bescheid wissen. (____) Joy ist ein Mörder. Und Jeff hat Angst vor ihm. Bald geschieht es dass ein Mitschüler verschwindet. (____) Der ganze Schrecken geht von vorn los! Aber lest selbst!

> **TIPP**
> Subjekt- und Objektsätze werden mit der **Konjunktion** *dass* angeschlossen. Subjekt- und Objektsätze folgen meist auf Verben des Sagens, Meinens, Denkens und Fühlens.

2 Umkreise im Text *dass* und unterstreiche die Verben oder Wortgruppen, die die *dass*-Sätze einleiten.

Relativsätze: das-Sätze

Ein unselbstständiger Nebensatz, der sich auf ein Nomen oder Pronomen bezieht (Bezugswort) und es erläutert, heißt Relativsatz:

Ich träume von dem Land, das ich bald besuchen werde.
        Bezugswort

Der Relativsatz ist ein Attribut in Satzform („Attributsatz"). Darum folgt er direkt auf das Bezugswort.

Merkmale des Relativsatzes sind:
- ☐ Er wird durch ein **Relativpronomen** eingeleitet: *der, die, das; welcher, welche, welches.*
- ☐ Er wird durch Komma(s) abgetrennt.

1 a) Forme die folgenden zwei Hauptsätze in ein Satzgefüge aus einem Hauptsatz und einem Relativsatz um. Beachte die Kommasetzung.
b) Umkreise das Relativpronomen und unterstreiche das Bezugswort im Hauptsatz.

Ich habe einen Traum, der bald in Erfüllung geht

Larissa (16), Schülerin in Berlin, erzählt von ihrem Traum:

Ich gehe bald für ein halbes Jahr nach Neuseeland.

Es befindet sich auf der anderen Hälfte der Erdkugel.

Ich gehe bald für ein halbes Jahr nach Neuseeland, das sich

auf der anderen Hälfte der Erdkugel befindet.

Dort besuche ich die Schule und wohne in einer Gastfamilie.

Sie habe ich mir selbst ausgesucht.

Mit 16 Jahren kann ich im Ausland schon Erfahrungen machen.

Sie sind für meine schulische und persönliche Entwicklung wichtig.

Ich möchte später einen abwechslungsreichen Beruf haben.

Er soll mir gut gefallen und finanzielle Unabhängigkeit geben.

Ich kann mir vorstellen, in Brasilien zu wohnen.

Brasilien gehört zu den wärmsten Ländern.

ARBEITSTECHNIK – DAS ODER DASS SICHER UNTERSCHEIDEN

Ob *das* oder *dass* richtig ist, kannst du mit der **welches/dies-Probe** entscheiden.

☐ Kannst du *welches* oder *dies* einsetzen, ist *das* richtig:
*Ich wünsche mir ein angenehmes Leben, **das** mir Zeit für meine Freundinnen und Freunde lässt.*
　　　　　　　　　　　　　　　　welches

☐ Funktioniert die welches/dies-Probe nicht, ist *dass* richtig:
*Ich wünsche mir, **dass** ich meine Ausbildung schaffe.*
　　　　　welches/dies

▷ S. 44

Ein Komma steht sowohl vor *das* (Relativpronomen) als auch vor *dass* (Konjunktion).

2 *Führe die Ersatzprobe mit welches/dies durch und unterstreiche die richtige Schreibweise.*

Felix (17), Auszubildender aus Berlin, erzählt von seinem Traum:

Ich wünsche mir vor allem, dass/das ich meine Ausbildung schaffe und meine Freundin ihr Abitur. Ich denke, dass/das wir uns dabei gegenseitig unterstützen. Ich möchte mit ihr eine gute Zukunft haben. Dies heißt auch, dass/das wir beide im Beruf die gleichen Chancen haben. Es wirkt vielleicht komisch, wenn ich „wir" sage, obwohl ich noch so jung bin. Aber ich hoffe sehr, dass/das dass/das dabei bleibt. Mein Traum ist es, dass/das ich später trotz eines guten Berufes noch viel Zeit für meine Familie haben werde, denn die Familie ist das Wichtigste überhaupt. Sie steht einem immer bei, ist wie ein Nest, dass/das einem Schutz bietet. Mein Vater verdient viel Geld, dass/das er sich als Rechtsanwalt mit großem Zeitaufwand erarbeiten muss. Mein Ziel ist ein angenehmes Leben, dass/das auch ohne viel Geld möglich ist.

3 *Füge das Relativpronomen oder die Konjunktion ein und setze die fehlenden Kommas.*

Johannes (17), Leadsänger der Band Killerpilze, erzählt von seinem Traum:

Mein Traum ist _____ ich am Ende eines jeden Tages nach Hause komme und dort jemand auf mich wartet, der für mich da ist.

Ich hoffe _____ ich später auch noch so gute Freunde habe wie jetzt, vielleicht sogar noch dieselben. Ich wünsche mir _____ man sich in meinem Haus _____ für meine Freunde immer offen steht, auch in zehn Jahren noch trifft. Das Leben _____ nach meinem Abitur stattfindet, soll weiterhin geprägt sein von der Musik, die ich mit meiner Band Killerpilze schreibe, spiele, singe und produziere.

Infinitivsätze

Ein Infinitiv + *(um) zu* + weitere/s Wort oder Wortgruppe bilden einen Infinitivsatz, den man in der Regel durch ein **Komma** abtrennt:
Es bedarf nur wenig, um viel Aufsehen zu erregen.
Er überredete sie, das Bild vorzuzeigen.

StreetArt – Kunst oder Ärgernis?

Harald Nägeli, bekannt als „Sprayer von Zürich", sprüht seit 1978 illegal Strichmännchen. Er saß in den 1980er-Jahren wegen Sachbeschädigung im Gefängnis. Vor Kurzem ließ die Stadt Zürich „Undine" (Foto) als Kunstwerk im öffentlichen Raum sogar restaurieren.

Loomit ist in München als Künstler anerkannt.

Die Berliner Mauer war eine der beliebtesten Graffitiflächen der Republik (hier: Reststück im Mauerpark, Berlin).

1 *Unterstreiche im folgenden Text die Infinitivsätze.*

Kunst im Vorübergehen oder Beschädigung fremden Eigentums? Man muss vieles berücksichtigen, um diese Frage zu beantworten. Um Graffitis zu sehen, muss man nicht in einer Großstadt leben. Die meisten jungen Sprayer scheuen keine Mühe, um sich in Szene zu setzen. Sie hinterlassen überall ihre individuellen Schmuckstücke: „Tags", also unterschriftenartige Kürzel, „Pieces", großflächige Bilder, oder auch „Characters", wie die figürlichen Darstellungen genannt werden.

Hausbesitzer lassen sich gern dazu hinreißen, über Vandalismus und reine Zerstörungswut zu klagen. Um ihre Verärgerung zu verstehen, muss man ihre Situation betrachten. Schließlich zwingt sie die unerwünschte „Verschönerung" ihrer Gebäude dazu, die Entfernung der Kunstwerke teuer zu bezahlen.

Es ist jedoch nicht anzunehmen, dass die Sprayer den Nervenkitzel suchen oder gar etwas zerstören wollen. Eine Untersuchung der Universität Potsdam brachte anderes zu Tage. Die jungen Männer gaben an, Kreativität, ein Gefühl der Dazugehörigkeit und Selbstbestätigung im Wettkampf mit anderen zu suchen.

2 *Setze die fehlenden Kommas.*

Man sollte in jedem Ort bestimmte Wände freigeben um sie legal mit Graffiti bemalen zu lassen. Das verschafft den Sprayern Gelegenheit sich auszutoben. Es gibt den Hausbesitzern das Gefühl ihr Eigentum zu schützen. Und es eröffnet den Menschen auch weiterhin die Chance mit Kunstwerken überrascht zu werden.

Teste dich! – Satzreihe, Satzgefüge und Kommasetzung

1 *Ergänze die folgenden Regeln.*

Eine _____ besteht aus zwei oder mehr Hauptsätzen, zwischen denen ein

_____ steht.

Die Bindewörter *und, oder, aber* und *denn* sind Konjunktionen, die vorwiegend _____ verbinden.

Vor _____ und _____ kann ein Komma stehen.

Vor _____ und _____ muss ein Komma stehen.

2 *Kreuze an.*
Ein Satzgefüge besteht aus

☐ zwei oder mehr Hauptsätzen ☐ mehreren Nebensätzen

☐ einem Hauptsatz und einem abhängigen Nebensatz

3 *Ordne die Konjunktionen in die Tabelle ein.*

| obwohl | dass | da | bis | wenn | weil | indem | nachdem |

Zusammenhänge erfragen	Konjunktionen
1. Wann? Seit wann? Wie lange?	*als, während,* _____
2. Unter welcher Bedingung? Wann?	*falls, sofern,* _____
3. Mit welcher Folge? Mit welcher Wirkung?	*sodass (so ..., dass)* _____
4. Aus welchem Grund? Aus welcher Ursache? Warum?	_____
5. Mit welcher Absicht? Zu welchem Zweck?	*damit, um (+ Infinitiv mit zu)* _____
6. Wie? Auf welche Weise?	*ohne dass,* _____
7. Trotz welcher Gegengründe?	*obgleich, wenngleich,* _____

4 *Ergänze die folgende Regel.*

Wenn adverbiale Bestimmungen als Nebensatz auftreten, nennt man sie _____ .

5 *Bestimme die Nebensatzart und notiere.*

Es ist traurig, dass dieser Band die Reihe beschließt. _____

Ich finde, dass der Roman sehr spannend ist. _____

6 *Ergänze: das oder dass?*

Die Fee Morgaine schritt durch das Flusstal, _____ zu Füßen des „Ynys yr Afalon" lag. Sie glaubte nicht,

_____ König Artus ihr Halbbruder war. _____ würde nur Kummer über das Land bringen.

7 *Forme die folgenden Sätze zu Relativsätzen um. Achte auf die Kommasetzung.*

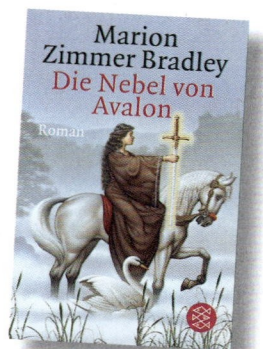

Der Roman „Die Nebel von Avalon" ist spannend zu lesen.
Er stand lange auf den Bestsellerlisten.

_____

_____

_____

Im Mittelpunkt steht die eifersüchtige Konkurrenz zwischen zwei starken Frauen.
Beide lieben König Artus.

_____

_____

8 *Setze im folgenden Text die fehlenden Kommas.*

Was sind Druiden?

Merlin ist der Druide[1] der durch die Artussage berühmt wurde. Asterix-Fans wissen dass Miraculix mindestens ebenso berühmt ist. Aber was ist eigentlich ein Druide? Nachdem er Gallien eingenommen hatte beschrieb der

5 römische Feldherr und spätere Kaiser Julius Cäsar seine Erlebnisse mit den dort lebenden Kelten. Cäsar schrieb dass viele junge Menschen die Druiden aufsuchten um sich unterrichten zu lassen. Waren diese also Lehrer? Er berichtete ferner dass Druiden Gottesdienste abhielten. Bei Streitigkeiten wurden sie gebeten diese zu schlichten. Man kann also davon ausgehen es hier mit den weisen Männern des Volkes zu tun zu haben. Etwa zeitgleich mit Cäsar schrieb der Römer Plinius der Ältere über die Druiden. Er vermu-

10 tete dass sich ihr Name von den heiligen Eichen ableitete. Und er überlieferte uns das Bild des Druiden im langen weißen Gewand der mit seiner Sichel Mistelzweige erntet.

Cäsar wiederum schilderte die jährlichen Treffen die die Druiden aus allen keltischen Stammesgebieten in Karnutum[2] zusammenführten damit sie ihr Oberhaupt wählten. Obwohl man es nicht genau weiß scheint Karnutum in der Nähe der französischen Stadt Orléans gelegen zu haben die es aber damals noch

15 nicht gab.

Die Druiden selbst haben kein Wissen hinterlassen denn sie weigerten sich etwas aufzuschreiben. Sie gaben ihre Weisheit nur mündlich weiter sodass sie leider für immer verlorenging.

1 **Druiden:** keltischer Priester und Heiler   2 **Karnutum:** Versammlungsort der Druiden

---

Werte deine Ergebnisse aus, indem du deine Antworten mit dem Lösungsheft abgleichst.
Für jede richtige Antwort bekommst du einen Punkt.

40–30 Punkte	29–20 Punkte	19–0 Punkte
☺ Gut gemacht!	😐 Gar nicht schlecht. Schau dir die Merkkästen auf den Seiten 36–47 noch einmal an.	☹ Arbeite die Seiten 36–47 noch einmal sorgfältig durch.

49

Eine Rechtschreibkartei anlegen

1 *Lege deine persönliche Rechtschreibkartei nach dem folgenden Muster an.*

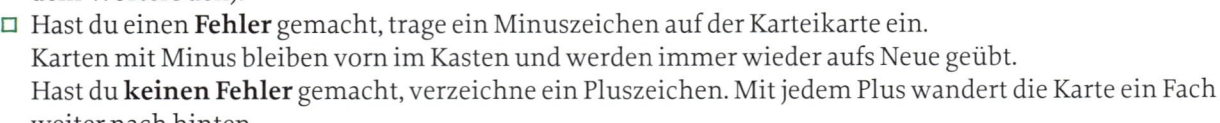

der Berg   – – +

die Berge

bergauf, bergab, bergan

bergig, bergige

über Berg und Tal

das Interesse

abends

Groß- und Kleinschreibung

Im Deutschen werden die meisten Wörter kleingeschrieben.

Groß schreibt man nur die **Satzanfänge**, **Eigennamen** und die **Nomen**.

Nomen erkennen
Ein Wort, dem man einen **Artikel** oder ein anderes begleitendes Wort (z. B. Pronomen, Präposition, Mengenangabe oder Adjektiv) voranstellen kann oder zu dem es einen **Plural** gibt, ist ein Nomen: *die Wanderung, eine Wanderung, bei Wanderungen, viele Wanderungen, schöne Wanderungen.*
Auch Zusammensetzungen, die mit einem Nomen enden, werden großgeschrieben: *die Langstrecke, das Kleinfahrzeug.*

Wende die **Artikelprobe** an, wenn du unsicher bist: Kannst du einen Artikel einsetzen?
Beachte: Nicht immer steht der Artikel direkt vor dem Nomen: *die lange Wanderung.*
Manchmal fehlt er sogar, aber man kann ihn im Kopf ergänzen: *Sie packten Rucksäcke → die Rucksäcke.*

Viele **Nomen enden auf** *-heit, -keit, -nis, -schaft, -ung, -tum.*

1 a) Unterstreiche im folgenden Text die Nomen.
b) Schreibe alle Nomen mit Artikeln heraus.

Hilfe – den neophyten ist kaum zu entkommen

Als neophyten bezeichnet man pflanzen, die sich erst seit der letzten völkerwanderung (3. bis 5. jahrhundert) oder später in unseren breiten angesiedelt haben, statt in ihren ursprungsländern zu verbleiben. Viele reisende
5 lieben es, exotische pflanzen zu importieren. Experten fordern aufklärung. Zum beispiel ist es fast unmöglich, der herkulesstaude noch beizukommen. Bis zu vier meter hoch wird die staude, die mit ihren weißen blüten durchaus schön anzusehen ist. Es wird empfohlen, bei
10 schönem wetter jegliche berührung zu vermeiden. Bei sonne sei mit verbrennungsähnlichen erscheinungen wie blasenbildung und schwellungen zu rechnen. Wenn die giftige pflanze in voller blütenpracht steht, kann es nur noch darum gehen, die weitere ausbreitung zu verhindern:
15
– Die kolonien der herkulesstauden müssen radikal gemäht werden, anstatt sie verblühen zu lassen.
– Um die pflanze dauerhaft auszurotten, muss sie vor der blüte entfernt und verbrannt werden.
In manchen städten wird die ausbreitung der pflanze 20 nur beobachtet, statt sie flächendeckend einzudämmen.
Einige grünflächenämter hoffen, das problem könne gelöst werden, ohne die anwohner zu beunruhigen.

> **!**
>
> **Nominalisierung**
> Verben und Adjektive oder Partizipien schreibt man groß, wenn sie wie Nomen verwendet (nominalisiert)
> werden. Du erkennst sie an denselben ▷ begleitenden Wörtern wie die Nomen: ▷ S. 51
> □ einen Artikel: *das Arbeiten, das Schönste, die Strahlendste*
> □ Artikel + Präposition: *beim* (bei + dem) *Rechnen, im* (in + dem) *Allgemeinen, aufs* (auf + das) *Überzeugendste*
> □ ein Pronomen: *mein Lächeln, unser Bestes, dein Erdachtes*
> □ eine Mengenangabe: *vieles Arbeiten, nichts Nützliches, wenig Spannendes*

2 a) Lies den Text.
b) Entscheide, ob es sich bei den Verben um eine Nominalisierung handelt. Streiche den falschen Buchstaben durch.

Schubladen nach Maß?

von Nasanin Kamani (18)

Erwachsene wissen Bescheid: Jugendliche lieben heute den Luxus. Sie haben schlechte Manieren. Das zeigt sich durch das v/Verachten der Autoritäten und das d/Diskutieren, ob vieles a/Arbeiten sinnvoll sei. Das a/Aufstehen, wenn ältere Menschen das Zimmer b/Betreten, gibt es nicht mehr. Das w/Widersprechen gegenüber Eltern und das t/Tyrannisieren der Lehrer ist eine typische Haltung der Jugendlichen. Diese Sätze s/Stammen nicht von heute, sondern vom griechischen Philosophen Sokrates. Das c/Charakterisieren der Jugendlichen scheint sich nie zu ä/Ändern, die Palette erweitert sich stetig. Die schlechten Manieren und ihr a/Aufbegehren werden ergänzt durch das f/Fehlen des Interesses an Politik und stilloses s/Sprechen, belegt z. B. durch „krass", „endgeil", „cool". Das a/Aufziehen abgegriffener Schubladen ist eine „analytische Glanzleistung" der Erwachsenen!

Soll ich als 18-Jährige mal ein Geheimnis v/Verraten? Auch dies gehört zum Alltag von Jugendlichen: all das a/Aufregen der Erwachsenen über laute Handy-Musik, das h/Helfen, wenn alte Damen die Straße überqueren, das h/Hören kluger Sendungen im Radio, das l/Lesen von Büchern über fremde Kulturen.

Um das wahre Leben, die wirklichen Gefühle, Erwartungen und Meinungen Jugendlicher zu b/Beschreiben, gibt es gar nicht genug Worte – geschweige denn genug Schubladen.

Kölner Stadt-Anzeiger, 24./25.11.2007

3 Ein Text mit vielen Nominalisierungen ist schwieriger zu lesen.
a) Unterstreiche im Text die ersten drei Sätze, in denen Nominalisierungen auftreten.
b) Formuliere diese Sätze so um, dass die Verben nicht nominalisiert sind.

_____

_____

_____

_____

_____

_____

_____

_____

4 a) *Schreibe zehn Sätze zum Thema „Forschung und Technik", indem du jeweils ein Wort aus dem linken und rechten Kasten verbindest.*

b) *Unterstreiche in deinen Sätzen die begleitenden Wörter grün und die Nominalisierungen rot.*

alles	wenig	viel		elektronisch	wichtig

nichts	jedes	das		technisch	spannend	neu

ein	durch	im		gut	veraltet	innovativ

manches	von			funktionsfähig

<u>Viel Technisches</u> gab es auf der Messe zu sehen.

_____

_____

_____

_____

_____

_____

_____

_____

_____

5 *Groß oder klein? Streiche die falsche Schreibweise durch.*

Im Stau sind die Kleinen/kleinen am Größten/größten: Viel Innovatives/innovatives haben Stauforscher herausgefunden. Ameisen verhalten sich auf ihren Straßen am Besten/besten. Es gibt in ihrem Verhalten nichts Negatives/negatives, was den anderen behindert. Sie drängeln nicht und sie stoßen mit ihren Artgenossen nicht zusammen. Für uns Menschen ist es Schwierig/schwierig, den anderen den Vortritt zu lassen, denn jeder will der Erste/erste sein.

> **Groß- und Kleinschreibung bei Tageszeiten und Wochentagen**
> Die **Wochentage** *Montag, Dienstag* usw. sind Nomen und werden **großgeschrieben**, auch in Zusammensetzungen mit Tageszeiten: *jeden Dienstag, am Freitagmorgen*
> Ausnahme: **Adverbien mit -s** werden **kleingeschrieben**: *montags, sonntagmorgens*
>
> Die **Tageszeiten** *Abend, Vormittag* usw. sind Nomen und werden **großgeschrieben**: *der Morgen, jeden Abend, heute Vormittag*
> Besonderheiten: **Adverbien mit -s** werden **kleingeschrieben**: *morgens, abends*
> **Zweiteilige Tageszeiten** aus Adverb und Nomen werden wie folgt geschrieben: *heute Morgen, gestern Abend*
>
> Die **Stundenangaben** in der Uhrzeit werden **kleingeschrieben**: *Es ist fünf Uhr, halb sechs, um neun*
> Ausnahme: *Es ist Viertel vor acht.*

6 *Julia besucht die Gesamtschule in Marienheide. Heute ist Mittwochmittag, fünf vor eins. Julia schreibt eine Mail an ihre kranke Freundin und informiert sie über den neuen Stundenplan.*
Schreibe acht Sätze und verwende Wochentag, Tageszeit und Uhrzeit.

	Montag	Dienstag	Mittwoch	Donnerstag	Freitag
7.45 – 8.30	Deutsch	Sport	Mathe	Religion	Deutsch
8.35 – 9.20	Deutsch	Sport	Mathe	WP 1	Englisch
9.35 –10.20	Englisch	WP 1	Sport	Erdkunde	Englisch
10.20 –11.05	Erdkunde	WP 1	Sport	Deutsch	Religion
11.20 –12.05	AST	FÖ	Chemie	Mathe	Kunst
12.10 –12.55		RAT	Chemie	Englisch	Kunst
MFZ					
13.55 –14.40	Mathe		AG	AL	
14.40 –15.25			AG	AL	

WP: Wahlpflichtfach, z. B. Französisch, Naturwissenschaften
FÖ: Förderunterricht, z. B. Lesetraining
AST: Arbeitsstunde für Hausaufgaben u. a.

RAT: Klassenratsstunde
MFZ: Mittagsfreizeit
AL: Arbeitslehre
AG: Arbeitsgemeinschaft

Hallo Yasmin,

heute Morgen hatte ich schon anstrengende Fächer

Teste dich! – Groß und Kleinschreibung

1 *a) Lies den folgenden Text.*

Abgeschreckte Eier lassen sich besser schälen – nichts (1) Wissenschaftliches ist an dieser alten Hausfrauen-regel. Das leichte (2) Abschälen eines Frühstücksis am (3) Morgen hängt nur davon ab, wie frisch das Ei ist. Wer ein Ei nach dem (4) Kochen in kaltes Wasser legt, sorgt allerdings für sein schnelleres (5) Verderben. Leitungswasser ist nicht keimfrei und durch die poröse Schale des Eis können Krankheitserreger eindringen, deshalb am besten die Eier (6) morgens einfach früher kochen!

b) Schreibe zu den mit (1) bis (6) gekennzeichneten Wörtern die Regeln auf, die deren Schreibweise erklären.

(1) _____

(2) _____

(3) _____

(4) _____

(5) _____

(6) _____

2 *a) Streiche im folgenden Text die falschen Buchstaben der unterstrichenen Wortanfänge durch.*
b) Unterstreiche Nominalisierungen mit grünem Stift.

Am M/montagnachmittag hat Julia in der Kinder-Uni gelernt: S/süß ist S/süß und B/bitter ist B/bitter – das stimmt nicht unbedingt. Es kommt auf das E/erwartete an. So empfindet man auch das B/bitterste weniger unangenehm, wenn man zuvor nur mit etwas leicht B/bitterem gerechnet hat. Und Cola schmeckt süßer, wenn man weiß, welche Marke im Glas ist. Die Gehirnbereiche, die für das V/verarbeiten von Geschmackserlebnissen zuständig sind, werden je nach E/erwartung unterschiedlich stark aktiviert. Am M/mittwoch, M/morgens im Grammatiklabor, hat Julia erfahren: Vögel können zwischen schlichtem Z/zwitschern und kunstvollem Gesang unterscheiden. Mit V/versuchen wurde nachgewiesen, dass Stare Satzmuster mit und ohne eingeschobene Nebensätze auseinanderhalten können.

Werte deine Ergebnisse aus, indem du deine Antworten mit dem Lösungsheft abgleichst.
Für jede richtige Antwort bekommst du einen Punkt.

25–17 Punkte	16–11 Punkte	10–0 Punkte
☺ Gut gemacht!	☺ Gar nicht schlecht. Schau dir die Merkkästen auf den Seiten 50–54 noch einmal an.	☹ Arbeite die Seiten 50–54 noch einmal sorgfältig durch.

Getrennt schreiben oder zusammen?
Verbindungen mit Verben

> **!** Wörter, die im Text nebeneinanderstehen und inhaltlich zusammengehören, schreibt man normalerweise getrennt.
>
> **Verbindungen aus Nomen und Verb** werden in der Regel getrennt geschrieben:
> *Auto fahren, Schlange stehen, Angst haben*
> Werden Verbindungen aus Nomen und Verb ▷ nominalisiert, dann schreibt man beide Wörter ▷ S.52
> zusammen und groß:
> *Auto fahren – das Autofahren, Schlange stehen – das Schlangestehen, Angst haben – das Angsthaben*

1 *Bilde Nominalisierungen aus den folgenden Nomen und Verben. Schreibe sie mit Artikeln auf.*

fahren

putzen

kämmen

spielen

fliegen

_____

_____

 Verbindungen von Adjektiv/Partizip und Verb werden meist getrennt geschrieben:
übrig bleiben, freundlich tun, blendend verdienen, klar denken

2 *Füge sinnvolle Verbindungen aus Adjektiven und Verben zusammen.*
Bilde sechs Sätze damit, die beschreiben, was eine Person alles machen kann.

schnell	langsam	ausgiebig	gut	finden	schreiben	färben
kalorienarm	wichtig	richtig	aufgeregt	äußern	sehen	tanzen
weiß	logisch	kritisch	deutlich	sprechen	suchen	lesen
zielgerichtet	temperamentvoll			denken	schlafen	essen

_____

_____

_____

_____

_____

_____

Getrennt schreiben oder zusammen?

! Verbindungen aus Verb und Verb werden getrennt geschrieben:
laufen lernen, baden gehen, lesen üben

Achtung Ausnahme:
Bei Verbindungen mit *bleiben* und *lassen* als zweitem Bestandteil ist bei übertragener Bedeutung auch Zusammenschreibung möglich:
sitzen bleiben und *sitzenbleiben* (= nicht versetzt werden)
stehen lassen und *stehenlassen* (= sich abwenden)

---

3 Schreibe die Verbindung von Verb und Verb richtig und in richtiger Zuordnung neben den Satz. Achte auf die Getrennt- und Zusammenschreibung.

A Führerschein! Mein Bruder muss jetzt   liegen Ⓞ bleiben. _____

B Wochenende! Endlich faul im Bett   baden Ⓞ gehen. _____

C Hunger! Lass uns schnell etwas   verloren Ⓞ gehen. _____

D Hausaufgaben? Bei dem Wetter soll man lieber kleben Ⓞ bleiben. _____

E Liebeskummer! Die Dame hat ihn   fahren Ⓞ üben. _____

F Post! Die Briefmarke will nicht   essen Ⓞ gehen. _____

G Aufpassen! Mein Federmäppchen darf nicht sitzen Ⓞ lassen. _____

! Verbindungen mit *sein* werden immer getrennt geschrieben: *da sein, leid sein, zurück sein*

---

4 Setze den passenden Ausdruck + *sein* ein.

| fertig | leid | da | zusammen | los | vorbei | zurück |

„Hallo, Laura, hast du gehört, im Jugendtreff soll heute richtig was _____ . Kannst du um fünf _____ ?"

„Hi, Anna ... okay, ich muss aber erst mit den Hausaufgaben _____ . Und meine Ma muss aus der Stadt _____ , damit meine kleine Schwester nicht allein ist."

„Ich würde es ja langsam _____ , immer auf die kleine Göre aufpassen zu müssen!"

„Ach nö, ich find's ganz schön, mit ihr _____ . Außerdem wird die Aufpasserei bald _____ , wenn sie in den Kindergarten kommt. – Also bis gleich!"

„Tschüss, bis dann!"

Teste dich! – Getrennt oder zusammen?

1 *Fülle die Lücken der Regel und schreibe jeweils zwei Beispiele auf.*

In der Regel schreibt man drei Arten von Wortverbindungen getrennt, nämlich

_____ und Verb, z. B.: _____

_____ und Verb, z. B.: _____

_____ und Verb, z. B.: _____

Verbindungen mit dem Verb *sein* werden immer _____ geschrieben, z. B.:

_____

2 *a) Vervollständige die folgenden Sätze mit den angebotenen Verbindungen. Trage die passende Ziffer ein.*
b) Notiere, um welche Verbindungen es sich handelt.

| 1 | fleißig üben | | 2 | liegen lassen | | 3 | Fußball spielen | | 4 | da sein |

A Morgen Vormittag wollen wir auf dem Sportplatz ☐ . _____

B Warum hast du deine neuen Sportschuhe in der Turnhalle ☐ ? _____

C Deine Eltern werden immer für dich ☐ . _____

D Für eine gute Note in der Mathearbeit mussten die Kinder ☐ . _____

3 *Fülle die Lücken in den Sätzen sinnvoll. Achte auf die Vorgaben der Wortverbindung.*

A Im Chatroom haben sich Alina und Murat _____ (Verb und Verb).

B Nun will er sie besuchen. Sie wollen ins _____ (Nomen und Verb),

   wo ein neuer Film läuft.

C Anschließend werden sie beim Italiener _____ (Nomen und Verb).

D Das Treffen wird für beide _____ sein (Adjektiv und Verb).

Werte deine Ergebnisse aus, indem du deine Antworten mit dem Lösungsheft abgleichst.
Für jede richtige Antwort bekommst du einen Punkt.

24–17 Punkte	16–11 Punkte	10–0 Punkte
☺ Gut gemacht!	☺ Gar nicht schlecht. Schau dir die Merkkästen auf den Seiten 56–57 noch einmal an.	☹ Arbeite die Seiten 56–57 noch einmal sorgfältig durch.

Fremdwörter

1 a) Lies den folgenden Text sorgfältig und markiere alle Fremdwörter.
b) Kläre unbekannte Wörter mit Hilfe des Wörterbuchs.
c) Unterstreiche Wörter, die aus der englischen Sprache stammen.
d) Setze die folgenden Verben sinnvoll in die Lücken ein:

montieren   kommunizieren   demonstrieren

Es begann mit dem Commodore 64
Der Computer hat das Leben revolutioniert
von Georg Imdahl

Wie hat das Internet die Welt verändert? Es war in den frühen 1980er-Jahren, als sich ein Jugendfreund nicht mehr für die Experimente im Chemielabor interessierte, mit denen er seine freien Stunden im Keller verbracht hatte.
5 Mit einem Mal hatte er etwas ganz anderes zum Basteln: elektronische Bausteinchen, Chips und dergleichen, die sich zu einem Heimcomputer _____ ließen, dem „Commodore 64", auch kurz „C 64" genannt. Nach geraumer Zeit, als der
10 Freund uns bereits einen routinierten Umgang mit der neuen Entdeckung _____ und seine helle Freude daran mit wenigen, eingeweihten Freunden teilte, waren wir unumstößlich davon überzeugt, unser Leben auch ohne den Segen dieser Erfindung meistern zu können. Wir hielten an unserer Über-
15 zeugung noch fest, als sich der Heimcomputer längst als Alternative zur Schreibmaschine empfohlen hatte. [...]

Die globale Ausstattung des Alltags mit dem Heimcomputer aber war nicht aufzuhalten. Nun betrachten wir im Internet nicht mehr bloß eine abgebildete Welt wie vor 20 dem Fernseher, deren Zugang uns versagt bleibt, sondern wir _____ und handeln im Internet. Diese parallele soziale Welt ist uns eine vollkommen alltägliche Realität geworden. Wir richten uns in Chatrooms ein, vervielfältigen unser Dasein in Videoclips, regeln den Alltag online: spielen, suchen, finden, kaufen, planen, chatten, mailen, lesen. Wir leben im Internet, entwerfen unsere Existenz am Computer.

Kölner Stadt-Anzeiger, 7.11.2006 (Auszug)

2 Schreibe ins Heft eine Tabelle nach folgendem Muster. Trage die Wortbeispiele passend ein. Ergänze, wo möglich, ein Wort in der jeweils fehlenden Wortart. Schlage bei Unsicherheit im Wörterbuch nach.

Adjektiv/Partizip	Nomen	Verb
additiv	Addition	addieren
korrekt		korrigieren

Probe   trainiert   Radierung   aggressiv   Relation   objektivieren   Archiv   riskant   Aktiv

grammatisch   Subtraktion   Sozialisation   multipliziert   Division   zensieren   passivieren

Kurze Vokale

Nach betonten kurzen Vokalen folgen fast immer zwei Konsonanten.
Wenn du unsicher bist, sprich das Wort deutlich in Silben. Dann hörst du, wie **die Konsonanten an der Grenze zwischen den Silben** zu schreiben sind:
☐ Hörst du mindestens zwei verschiedene Konsonanten, wird keiner verdoppelt: *Win ter, un ten*
☐ Hörst du nur einen Konsonanten, wird er **verdoppelt**: *Wel le, Him mel*
Diese Regeln kannst du bei **zweisilbigen Wörtern** anwenden.

Besonderheiten: Das doppelte *k* schreibt man *ck: bac ken, die Hec ke,*
das doppelte *z* schreibt man *tz: Hit ze, schwit zen.*
Vorsicht beim Trennen: Wörter mit *ck* trennt man so: *ba-cken, die He-cke.*

1 *a) Setze ein.*

k oder ck?   der Kran____e, die Ma____e, die Za____e, den____en, der De____el, das Fer____el, die Ze____e

l oder ll?   der Ke____er, die Ke____ten, die We____e, die Ze____te, die Kä____te, die Nu____en

m oder mm?   der Fre____de, die He____den, der Ha____el, sa____eln, bi____eln, der Kü____el

r oder rr?   die Mu____mel, mu____en, kli____en, i____en, die Wa____ze, gu____en, die Ka____e

s oder ss?   die Frö____te, die Brem____e, die Kre____e, die Me____e, la____en, me____en, der Mu____kel

t oder tt?   die Glä____e, die Mu____er, die Ku____sche, das Fu____er, die Ru____sche, der Lu____scher

z oder tz?   Kra____er, die Scher____e, die Si____e, die Spri____e, die Pil____e, die Min____e, he____en

b) Prüfe die Wörter oben: Was fällt dir auf? Ergänze die folgende Regel.

Die betonte erste Silbe mit kurzem Vokal endet mit einem _____ und ist geschlossen.

Das ist das Zeichen für einen kurz gesprochenen Vokal. Da die zweite Silbe mit einem Konsonanten beginnt, stehen

an der Silbengrenze _____ Konsonanten. Sie sind entweder verschieden oder gleich.

ARBEITSTECHNIK – VERLÄNGERN

Silben mit unklarem Schlusslaut musst du zu Zweisilbern verlängern. Dann kannst du an der Silbengrenze sicher erkennen, ob ein Konsonant verdoppelt wird:
☐ **verlängere Einsilber:** *der Stamm – die Stäm me*
☐ **verlängere Zweisilber mit unklaren Wortenden:** *das Gebrumm – brum men*
☐ **zerlege zusammengesetzte Wörter und verlängere:** *die Rennbahn – Renn | bahn – ren nen*

2 *Prüfe die Schreibweise durch Verlängern. Trage ein.*

der Ball – die _____   der Kamm – *käm men* _____   die Nuss – die _____

der Gewinn – die _____   das Gebrüll – _____   das Gesetz – die _____

Gepäck | stück – *pac ken, die Stü cke*   die Schifffahrt – _____   das Betttuch – _____

ARBEITSTECHNIK – WORTSTAMM FINDEN UND VERLÄNGERN

☐ Viele Wörter haben ein **Präfix**: *verabreden, verbeugen, entdecken*

☐ Andere haben ein **Suffix**: *kindlich, windig, die Dummheit, die Wanderschaft*

☐ Manche haben beides: *vergesslich, die Verantwortung, unendlich*

Suche den **einsilbigen Wortstamm** und **verlängere** zum Zweisilber, um richtig zu schreiben:

verpackt, die Verpackung – packen → schrecklich – der Schrecken

3 a) Unterstreiche die Stelle im Wort, an der Unsicherheiten auftreten können.
b) Umkreise den Wortstamm.
c) Verlängere, um die Schreibweise der möglichen Stolperstelle zu verstehen. Schreibe auf.

Wörter mit Präfix	Wörter mit Suffix
gebückt – _____	bucklig – _____
versetzt – _____	klappbar – _____
gekippt – _____	messbar – _____

Wörter mit Präfix und Suffix	
b e t r e ff e n d – *der Treffer*	e n t s e t z l i c h – _____
b e k ö m m l i c h – _____	B e k e n n t n i s – _____
u n t r e n n b a r – _____	V e r d a m m n i s – _____

TIPP

Bei **Verben** hilft oft der **Infinitiv** (Grundform), die Schreibweise an der Silbengrenze zu klären.

4 Unterstreiche die mögliche Stolperstelle und ergänze den Infinitiv.

Einsilber im Präsens	Zweisilber im Präteritum
er schwimmt – *schwim men*	sie kannte – *ken nen*
es hallt – _____	sie nannte – _____
es blitzt – _____	er sollte – _____
sie spannt – _____	sie wollte – _____
er murrt – _____	sie musste – _____
er backt – _____	sie hasste – _____
es summt – _____	er rannte – _____

Lange Vokale

- Die meisten betonten langen Vokale *a, e, i, o, u* sowie die Umlaute *ä, ö* und *ü* schreibt man mit einem **einfachen Buchstaben**, also so, wie man sie spricht: *wagen, holen, klären, mögen*
- Die **Diphthonge** *ei, au, eu, äu* werden immer lang gesprochen: *der Streifen, meinen, sauber, die Beute*
- Einige Wörter musst du dir **merken**, weil nach dem betonten langen Vokal ein *h* folgt: *das Ohr, sehr*

1 *In den folgenden Wörtern wird der Vokal in der ersten Silbe betont und lang gesprochen.*
a) Lies die Wörter deutlich in Silben.

ra sen   wei nen   mei nen   lau fen   trei ben   wu seln   bei de   trau en

b) Streiche in der folgenden Regel das falsche Wort durch.

Bei einem lang gesprochenen Vokal endet die erste Silbe mit einem Konsonanten/Vokal.

2 *Lege im Heft eine Tabelle nach folgendem Muster an.*
Ordne die Wörter dort ein und ergänze eigene Beispiele. Ergänze bei Nomen die Artikel.

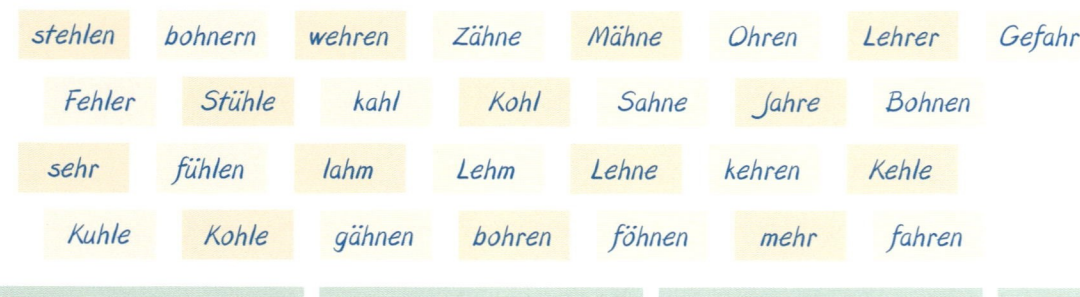

stehlen   bohnern   wehren   Zähne   Mähne   Ohren   Lehrer   Gefahr

Fehler   Stühle   kahl   Kohl   Sahne   Jahre   Bohnen

sehr   fühlen   lahm   Lehm   Lehne   kehren   Kehle

Kuhle   Kohle   gähnen   bohren   föhnen   mehr   fahren

ah/äh	eh	oh/öh	uh/üh
…	…	…	…

> **TIPP**
>
> In allen Wörtern einer Wortfamilie bleibt das *h* erhalten: *Lehrer, lehren, Lehrling, Lehrfach, lehrreich*

3 *Wähle aus jeder Spalte der Tabelle oben ein Wort aus und ergänze je drei Wörter der Wortfamilie. Schreibe ins Heft.*

4 *a) Lies die Wörter deutlich in Silben und untersuche das Ende der ersten Silbe.*

drau ßen – aber: Tas se   rei ßen – aber: die Ris se

b) Streiche in der folgenden Regel das falsche Wort durch.

ß schreibt man, wenn die erste Silbe mit einem Vokal/Konsonanten endet.

5 *Setze ein: ß oder ss? Verlängere, wo du unsicher bist.*

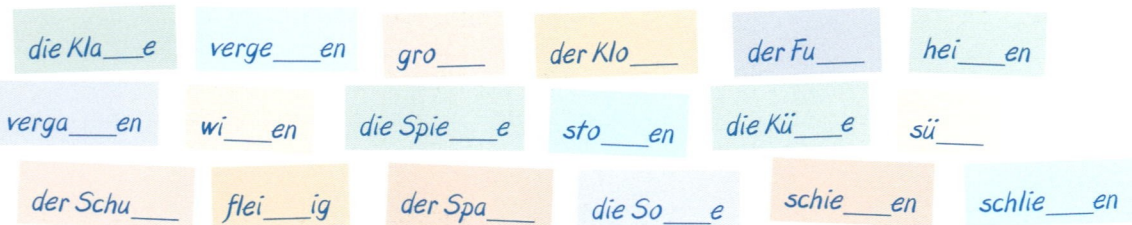

die Kla___e   verge___en   gro___   der Klo___   der Fu___   hei___en

verga___en   wi___en   die Spie___e   sto___en   die Kü___e   sü___

der Schu___   flei___ig   der Spa___   die So___e   schie___en   schlie___en

Das lange i

1 a) Ordne die folgenden Wörter in die Tabelle ein.
b) Prüfe die Silbengrenze und ergänze die Regeln im Kasten.

die Kinder   die Liebe   die Diebe   die Triebe   die Winde

die Ziege   wilder   die Binde   die Zwiebel   blinder

Wörter mit **i**	Wörter mit **ie**
_____	_____
_____	_____
_____	_____
Ergebnis: Die erste Silbe endet mit einem _____ .	**Ergebnis:** Die erste Silbe endet mit dem _____ .

c) Formuliere die Regel für die Schreibung des *ie*.

_____

_____

2 *i* oder *ie*? Verlängere und trage die richtige Schreibweise ein.

w___ld – _____   v___l – _____

l___b – _____   m___ld – _____

der D___b – _____   das L___d – _____

der R___ng – _____   v___r – _____

die Z___r – _____   z___ht – _____

3 *i* oder *ie*? Prüfe die Silbengrenze.
Zerlege, wenn nötig, um richtig verlängern zu können.

der Lieb | haber – denn: *lie ben*

der Sp___ßbürger – _____   der L___besbr___f – _____

das S___bengeb___rge – _____   das L___blingskleid – _____

die S___benmeilenst___fel – _____   der Reifenabr___b – _____

der Gesamts___g – _____   die K___sgrube – _____

der S___bdruck – _____   der Z___rkürb___s – _____

das R___chorgan – _____   der Br___fumschlag – _____

Die Verlängerungsprobe bei b/p, d/t, g/k

ARBEITSTECHNIK – SCHWIERIGE KONSONANTEN BEI EINSILBERN UND AM WORTENDE KLÄREN

Die Buchstaben *b, d* und *g* können bei Einsilbern und am Wortende mit *p, t* und *k* verwechselt werden: *Dieb, Kleid, Zwerg.*

Die Verlängerungsprobe hilft dir in vielen Zweifelsfällen. **Verlängern** heißt, eine Endung (oder Silbe) hinzufügen: *der Zwerg → die Zwer ge; gehend → gehen de; er siegt → sie gen*

Um richtig verlängern zu können, musst du zusammengesetzte Wörter **zerlegen**: *Korb | blütler → die Kör be; Band | wurm → die Bän der; Flug | angst → die Flü ge*

Beim Verlängern kannst du unterschiedliche Wortarten bilden: *lieb* – Nomen: *die Lie be,* Verb: *wir lie ben,* Adjektiv: *lie ber als*

1 *Verlängere die Wörter aus den Kästen und trage dein Verlängerungswort in die nachfolgende Tabelle ein.*

Sieb, Dieb, Hieb, Betrieb, liebt, webt, lobt, tobt, probt, hebt, lebt, klebt, raubt, bebt, staubt	Feind, Pferd, Geld, Held, Rand, Pfund, Land, Band, Herd, Grund, Hund, Hand, wund, blind, rund, blond, wild, blöd	Tag, Burg, Zweig, Teig, säugt, äugt, sagt, wagt, nagt, fragt, zeigt, zeugt eng, bang, lang, siegt fliegt, wiegt

Nomen: *die Siebe* _____

_____

Verben: _____

_____

Adjektive: _____

_____

2 *Zusammengesetzte Wörter musst du zerlegen, um die Schreibweise zu erklären.*

Schrei**b** | weise – *schrei ben*   Steigeisen – _____

Lieblingsgericht – _____   Siebdruck – _____

Taubnessel – _____   Randbemerkung – _____

3 *Setze ein: b oder p, g oder k, d oder t?*

Ban___breite	Ber___wanderung	Bussar___feder
Hu___konzert	Spu___gestalt	Ro___auge
Lan___gewinnung	We___weiser	Ra___dampfer
Kle___stoff	Flu___hafen	Win___geräusche

Schwierige Schreibweisen: ent- oder end-? k, c oder ch?

> ☐ *Ent-* ist ein häufig gebrauchtes **Präfix** (Vorsilbe) für Verben und Nomen.
> ☐ *End-* ist die verkürzte Form von „Ende" und behält auch diese Bedeutung. Wenn du unsicher bist, kannst du ausprobieren, ob „Ende" in dem Wort steckt: *Endstation* = Station am Ende der Strecke.

1 *Bilde Wörter mit dem Präfix ent-. Schreibe die Wörter auf, bei denen du es verwenden kannst.*

lachen	decken	fallen	führen	schreiben	gehen	halten
kommen	lassen	laufen	meinen	nehmen	schädigen	scheiden
schließen	weichen	zerren	werten	wickeln	wischen	rollen

_____

_____

_____

2 *Aus einigen Wörtern kannst du durch Anhängen des Suffixes (der Nachsilbe) -ung Nomen bilden. Probiere dies mit den Wörtern aus Aufgabe 1 aus und schreibe ins Heft.*

entbinden – *die Entbindung*

ENTSPANNT IN DEN ENDSPURT!

3 *End- oder ent-? Trage ein.*

En__kampf   En__lauf   en__kalken   En__spurt

En__ausscheidung   En__runde   En__kontrolle   En__lagerung

en__los   en__stauben   en__lich   en__zücken

en__gültig   En__punkt   En__wirrung   En__verbraucher

> **TIPP**
>
> Wörter, die mit dem Laut *k* beginnen, können auch mit *ch* oder *c* geschrieben werden.
> Wenn du unsicher bist, **schlage im Wörterbuch nach**. Prüfe mehrere Schreibweisen, wenn du ein Wort nicht auf Anhieb findest.

4 *a) Trage ein: k, ch oder c?*
b) Ordne die Wörter im Heft nach k, ch oder c.

____harakter   ____rist   ____ristian   ____or   ____ronik   ____emnitz   ____riminalität

____laudia   ____ontra   ____reme   ____urry   ____owboy   ____räcker   ____atastrophe

____lown   ____rise   ____lavier   ____oriander   ____aos   ____atharina   ____amäleon

c) Prüfe mit Hilfe eines Wörterbuches, bei welchen Wörtern es mehrere Möglichkeiten gibt. Schreibe sie ins Heft.

65

Rechtschreibung prüfen: Diktat und Textüberarbeitung

ARBEITSTECHNIK – RECHTSCHREIBUNG

Bereite dich auf ein Diktat oder eine Textüberarbeitung vor, indem du den Text zunächst sorgfältig durchliest.

Prüfe bei schwierigen Wörtern, welche Strategie dir hilft, die Schreibweise zu klären:

1. Artikelprobe ▷ S. 51
2. Nomenendungen ▷ S. 51
3. Deutliches Sprechen in Silben – Silbengrenze prüfen ▷ S. 60
4. Verlängern ▷ S. 60–61, 64
5. Zerlegen ▷ S. 60
6. Merkwörter/Nachschlagen ▷ S. 62, 65
7. Welcher/dies-Probe ▷ S. 46

1 a) Lies den Text sorgfältig.
b) Unterstreiche schwierige Wörter und trage in der Randspalte die Nummer der Strategie ein, die dir hilft, die Schreibweise zu klären.

Der Ein-Liter-Mann

Thomas Gänsicke hat gezeigt, dass es möglich ist, ein Automobil zu bauen, das für eine Entfernung von 100 Kilometern weniger als einen Liter Treibstoff braucht. Diesel. Nicht Ökosprit, Hybrid, Wasserstoff oder wie das ganze Zeug so heißt, sondern stinknormalen Diesel. Keiner vor ihm und
5 keiner nach ihm hat das geschafft. Obwohl es viele versuchten. Auch andere Autobauer wollten diesen Treffer landen, aber sie bissen sich an der Technik die Zähne aus. Gänsicke nicht. Sein Ein-Liter-Auto ist bis heute einzig auf der Welt.

Am Ende des Fußweges steht er. Ein Torpedo. Eine Zigarre auf Reifen. Ein
10 Autorochen in Regentropfenform. Im Bemühen, den Wagen zu beschreiben, haben die Motorjournalisten schon viele Vergleiche gezogen. Einig sind sie sich darin, dass der Wagen irgendwie nett und sympathisch aussieht. Niedlich wirkt er beinahe, wäre dieses Attribut nicht unpassend für eine solche Pioniertat. Nur die Kohlensackfarbe, die ist sicher keine Erfin-
15 dung der Presseabteilung. Das scheckige Grau ist halt so, wie die Karbon-Faserteile aus dem Ofen kommen. Unlackiert, um Gewicht zu sparen.

Bei der Probefahrt fällt dem Beifahrer das Einsteigen nicht ganz leicht: rechtes Bein über den Vordersitz, linkes hinterher, langsam den Körper sinken lassen, die Füße am Fahrer vorbei vorn auf die Rasten stellen. Wir sitzen im
20 Tandem hintereinander, wie beim Kabinenroller der 1950er-Jahre. Es ist genügend Beinfreiheit da, es sitzt sich überraschend bequem. Es ist schmal, es ist niedrig, aber das Gefühl von Enge fehlt. Wir rollen los, begleitet von staunenden Blicken der Autostadt-Besucher.

2 *Schreibe aus dem Text heraus …*

a) schwierige Wörter, die du durch deutliches Mitsprechen erklären kannst.

_____

_____

_____

_____

_____

b) schwierige Wörter, deren Schreibung du durch Verlängern erklären kannst.

_____

_____

_____

_____

c) schwierige Wörter, die du zerlegen musst, um die Schreibweise zu erklären.

_____

_____

_____

ARBEITSTECHNIK – ZEICHENSETZUNG PRÜFEN

Regel 1: ▷ Satzreihen (Hauptsatz + Hauptsatz) werden durch ein Komma getrennt.   ▷ S. 40
   ☐ Vor *und* oder *oder* **kann** ein **Komma** stehen.
   ☐ Vor *aber, jedoch* oder *denn* **muss** ein **Komma** stehen.
Regel 2: ▷ Satzgefüge (Hauptsatz + Nebensatz) werden durch ein Komma voneinander getrennt.   ▷ S. 40
Regel 3: Aufzählungen werden durch ein Komma getrennt.

3 *Welche Regel trifft für den folgenden Teilsatz zu?*

Nicht Ökosprit, Hybrid, Wasserstoff oder wie das ganze Zeug so heißt …

a) Trage ein: Regel _____

b) Finde ein weiteres Beispiel im Text und schreibe es auf.

_____

4 *a) Setze in den folgenden Sätzen das fehlende Komma.*

b) Trage ein: Für Satz A gilt Regel _____ *, für Satz B gilt Regel* _____ *.*

A Auch andere Autobauer wollten diesen Treffer landen aber sie bissen sich an der Technik die Zähne aus.

B Einig sind sie sich darin dass der Wagen irgendwie nett und sympathisch aussieht.

5 *Lasse dir den Text auf S. 66 diktieren. Prüfe anschließend, ob du alles richtig geschrieben hast.*

Im folgenden Text wird die Probefahrt in zwei benzinsparenden Autos beschrieben.
Beim Schreiben sind einige Fehler unterlaufen.

6 *Überarbeite den Text und markiere alle Fehler, die du findest.*

Fahrzeuge der Zukunft?

Die Perspektive aus dem spritsparenden Auto auf die Umwlt ist neu.

Von dort unten, zwei Hantbreit über dem Asphalt, wirkt der blaue Passat an der Ampel neben uns wie ein Un-
5 getüm. Die Frau am Lenkrad lächelt freundlich, ruft iren beiden Kindern auf den Rücksitzen etwas zu. Die Kinder drüken ihre Nasen an die Seitenscheiben.

Dass diese Autos nur für die Schuplade gebaut werden, weißt ihr Entwickler zurück. „Vieles von dem, was wir
10 entwickeln, bleibt", und er nennt das energiesparende Bordnetz, das selbstilluminierende Kenzeichen, den Einbau von Kameras statt Aussenspiegeln, die Leicht-laufriefen, die Kunststoftechnik. Das sind Dinge, die in absehbarer Zeit Standard werden und wirklich etwas
15 bringen bei der Einsparung von Energie.

Aber ob die Verbraucher diese Autos annehmen? Den wer keine spritsparenden Autos kauft, muss sich nicht wundern, wenn es am ende keine mehr gibt.

Nach diesem Erlebnis steigen wir für die Rückfahrt in den Ecoracer um. Ein 230 Stundenkilometer schneller 20 Kohlefaserfitzer, 3,4 Liter Durchschnitsverbrauch. Ein Sparsportler, der richtig etwas hermacht.

VW wollte mit ihm zeigen, dass ein Renwagen nicht alle paar meter zum nachtanken muss. Der Vierzilinder beisst sich mit sensationeller beschleunigung in den 25 Verkehr. Der Fahrer gibt Gas, dass der Asphalt glüht.

Offenkundig wird: Die postgelbe Flunder, obwohl ein-zigartig, obwohl rasant gefahren, fällt im öffentlichen Straßenverkehr Wolfsburgs kaum auf. Wenige Passan-ten, die sich umdrehen, keiner, der mit dem Finger zeigt. 30 Der schnittige Rennwagen scheint für Deutschlands Strassen immer noch passender zu sein als das Ein-Liter-Auto. Wie lange noch?

7 *Führe eine Fehleranalyse durch.*

Vertauschte, vergessene und überzählige Buchstaben findest du durch deutliches Mitsprechen in Silben.

a) Notiere verbesserte Fehlerwörter, die du durch Mitsprechen in Silben gefunden hast.

_____

_____

_____

_____

_____

_____

Fehler bei Einsilbern und am Wortende korrigierst du durch Verlängern des Wortes.

b) Korrigiere Fehler bei Einsilbern und begründe die Schreibweise durch Verlängern.

_____

_____

_____

Fehler in Wortzusammensetzungen findest du, indem du sie zerlegst und verlängerst.

c) Notiere verbesserte Wörter, die du mit dieser Strategie gefunden hast.

_____

_____

_____

_____

_____

Wörter, bei denen keine Strategie hilft, musst du dir merken oder im Wörterbuch nachschlagen.

d) Notiere verbesserte Wörter, die du mit dieser Strategie gefunden hast.

_____

_____

_____

Bei der Entscheidung über die Groß- oder Kleinschreibung hilft dir die Artikelprobe.

e) Notiere verbesserte Wörter, die du mit dieser Strategie gefunden hast.

_____

_____

_____

_____

8 *a) Lass dir den Text jetzt diktieren und kontrolliere dein Diktat.*
b) Analysiere deine Fehler mit Hilfe der Strategien. Notiere in deinem Diktattext, welche Strategie dir geholfen hat.

1	Fehler in der Buchstabenzuordnung		4	Merkwörter
2	Verlängerungsfehler		5	Fehler der Großschreibung
3	Fehler bei Wortzusammensetzungen			

Einen Sachtext erschließen

1 Der folgende Sachtext ist ein Artikel aus der Tageszeitung „Bonner General-Anzeiger". Überfliege ihn und verschaffe dir einen ersten Eindruck von Thema und Aufbau.

Das tägliche Versteckspiel

Vier Millionen Analphabeten leben in Deutschland. Tim-Thilo Fellmer aus der Nähe von Frankfurt war jahrelang einer von ihnen – und er hat jetzt ein Buch geschrieben

von Anja Tydecks

Frankfurt. Es passierte in der ersten Woche seiner Ausbildung zum Automechaniker. Tim-Thilo Fellmer erinnert sich ganz genau an den Morgen, als der Geselle ihn bittet, die Arbeitskarte auszufüllen und munter drauflos diktiert: „Wir brauchen Zündkerzen, Ölfilter und Keilriemen aus dem Lager."

5 Mit dem Kugelschreiber in der Hand zögert Fellmer so lange, bis der Geselle ihm das Papier aus der Hand reißt: „In diesem Moment habe ich mich geoutet und ihm gesagt, dass ich nicht schreiben kann." Der Geselle will ihm dieses Geständnis erst einmal gar nicht glauben.

Analphabeten siedelt man eher in Lehmhütten an als in einer großen Auto-
10 werkstatt im Main-Taunus-Kreis. Jahrelang war Thilo Fellmer ein so genannter „funktionaler Analphabet": ein Erwachsener, dessen Lese- und Schreibkenntnisse denen eines Zweit- oder Drittklässlers entsprechen. Was in manchen Kulturen genügen mag, in einer Wissensgesellschaft aber nicht ausreicht, um die Herausforderungen des Lebens zu meistern. Inzwischen
15 hat Fellmer, ein freundlicher 40-Jähriger mit rotblonden Haaren und ständig klingelndem Handy, sein Handicap überwunden.

Doch Schätzungen des „Bundesverbandes Alphabetisierung und Grundbildung" zufolge sind nach wie vor vier Millionen Deutsche Analphabeten – etwa jeder Zwanzigste. Eine hohe Zahl in einem Land mit Schulpflicht. „Die
20 Dunkelziffer ist wohl noch höher", sagt Gundula Frieling, stellvertretende Vorsitzende des Deutschen Volkshochschulverbandes (DVV). Der Weltalphabetisierungstag hat gestern ein Schlaglicht auf eine wenig beachtete Bevölkerungsgruppe geworfen.

Die Ursachen ihrer Lese- und Schreibschwäche – überforderte Familien,
25 wenig Förderung im Unterricht, Hyperaktivität oder Hirnerkrankungen – sind oft miteinander verkettet. Irgendwie haben sie dazu geführt, dass die deutschen Analphabeten die in ihrer Kindheit gelernten Fähigkeiten wieder verloren haben. „Lesen und Schreiben kann man wieder vergessen", sagt Frieling.

30 Etwa 60 Prozent der Analphabeten haben keinen Schulabschluss, fast drei Viertel keine Berufsausbildung, wie eine vom Bundesbildungsministerium

!

Was kann das sein?

!!

Was bedeutet das in diesem Zusammenhang? Geständnis?
Wieso Lehmhütten? Was heißt das genau?

(BMBF) finanzierte Studie des Alfa-Portal Literacy Learning (APOLL) mit
1 015 Analphabeten besagt. Große Teile des Arbeitsmarkts bleiben ihnen
daher verschlossen: 41 Prozent der Befragten sind arbeitslos, 13 Prozent in
35 staatlichen Fördermaßnahmen. Ihre Zukunftsperspektiven sind düster: In
Deutschland, wie in vielen Ländern Europas, schrumpft der Arbeitsmarkt
für Analphabeten und Geringqualifizierte, sagt Marijke Dashorst, General-
direktorin für Bildung und Kultur bei der Europäischen Kommission: „Diese
Menschen müssen ihre Fähigkeiten ausbauen."
40 Das gilt nicht nur fürs Berufsleben. Für Analphabeten wird der Alltag oft
zum gesellschaftlichen Versteckspiel. Mit Notlügen („Ich habe meine Brille
vergessen.", „Ich habe meinen Arm gebrochen.") vertuschen sie ihre Schwä-
che. In der U-Bahn orientieren sie sich am Farbleitsystem, im Restaurant
bestellen sie das gleiche Gericht wie der Tischnachbar. In ihren voraussag-
45 baren Tagesabläufen verursachen unvorhergesehene Ereignisse „fast einen
Kreislaufzusammenbruch", sagt Tim-Thilo Fellmer.
Mit Grauen denkt er an den Weihnachtsbesuch bei der Familie seiner da-
maligen Freundin. Anfang 20 war er damals, frisch verliebt, im Wohnzim-
mer duftete es nach Kaffee und Kerzen – und dann rief die Mutter einen
50 Spielenachmittag aus. Mit Trivial Pursuit, dem Albtraum eines Analphabeten, weil man Fragen vorlesen muss. Als er an der Reihe war, brauchte Tim-
Thilo Fellmer die befürchtete kleine Ewigkeit, um Silben zu Wörtern und
Wörter zu Sätzen zusammenzufügen: „Mein Selbstwertgefühl war dahin",
sagt er.
55 „Angst und Scham spielen eine große Rolle im Leben funktionaler Analphabeten. Ich habe Menschen kennen gelernt, die eher eine Beziehung been-
den oder eine Beförderung zum Vorarbeiter ablehnen oder kündigen als
zuzugeben, dass sie nicht lesen und schreiben können", sagt Almut Schla-
debach, die an der Hamburger Volkshochschule Alphabetisierungskurse
60 leitet. Förderkurse gibt es seit 1978. Zurzeit besuchen sie etwa 25 000 Menschen. Doch gerade für die Älteren sei Analphabetismus ein Tabuthema, so
der Projektleiter beim Bundesverband, Andreas Brinkmann. Die Hemmschwelle, sich aus der vermeintlichen Sicherheit der Anonymität in einen
Kursraum zu wagen, ist hoch.
65 Eine Alternative bietet das Internet – ein Ort, an dem man zuallerletzt Analphabeten vermutet. Das Lernportal Zweite Chance Online (www.ich-will-
lernen.de) zählt zu den 27 vom BMBF als Förderschwerpunkt mit insgesamt
30 Millionen Euro geförderten Alphabetisierungsprojekten. Der Unterricht
ist für die rund 128 000 registrierten Nutzer kostenlos. Wer sich die Mühe
70 macht, die Internetadresse abzutippen, den empfängt eine virtuelle Kurs-
leiterin mit Blazer und Seitenscheitel lautstark im audiogestützten Programm. Nach einer Selbsteinschätzung – etwa „Ich kann Buchstaben, aber
keine Wörter schreiben" oder „Ich kann schreiben, mache aber viele Recht-
schreibfehler" – werden Übungen generiert. 800 echte Tutoren betreuen
75 das Portal und die Lernenden. „Für Fortgeschrittene gibt es sogar einen
Chat", sagt Anja Thöne vom Portal Zweite Chance Online.
Tim-Thilo Fellmer hat mehrere Anläufe und viele Jahre gebraucht, um seine
Defizite auszumerzen. Inzwischen hat er sogar ein Buch geschrieben, das
Kinderbuch „Fuffi, der Wusel" – ein modernes Märchen in einfachen
80 Sätzen. Jetzt sitzt er in einem Bistro am Frankfurter Hauptbahnhof und
fischt in einer Aktentasche nach seinem klingelnden Handy. Fellmer möchte sein Buch vermarkten: „Die Pflicht des Lesen- und Schreibenlernens habe ich geschafft. Für mich wäre es die Kür, die Literatur zum Beruf zu machen." Um Geld zu verdienen, fährt er Taxi. Das Schriftstellerleben ist sein
85 Traum – einer, den er in seiner Jugend nicht zu träumen gewagt hat.

Bonner General-Anzeiger, 9.9.2008

2 *Was ist das Thema des Sachtextes? Kreuze die richtige Antwort an.*

- [ ] A Ein funktionaler Analphabet hat ein Buch verfasst
- [ ] B Ausgrenzung funktionaler Analphabeten
- [ ] C Probleme funktionaler Analphabeten in Deutschland
- [ ] D Berufschancen für funktionale Analphabeten

3 *Ein Auszug des Textes (S. 70, Z. 1–18) wurde bereits bearbeitet. Erkläre, was jeweils markiert wurde.*

Blaue Markierung = _____

Unterstreichung = _____

Randnotizen = _____

Zeichen = _____

ARBEITSTECHNIK – AKTIV LESEN

Schreibe während des Lesens Fragen oder Anmerkungen in die Randspalte. Achte während der folgenden Arbeit am Text auf deine Fragen. Du hast den Text verstanden, wenn du sie selbst beantworten kannst.

4 *a) Kläre die Bedeutung des folgenden Satzes: „Analphabeten siedelt man eher in Lehmhütten an als in einer großen Autowerkstatt im Main-Taunus-Kreis." (Z. 9–10) Schreibe sie auf.*

_____

_____

b) Lies den Text erneut. Markiere wichtige Textstellen, die Fragen für dich aufwerfen. Notiere am Rand, z. B.

Z. 6–7: Hat Tim-Thilo Fellmer einen Schulabschluss? Wieso ist vorher nie aufgefallen, dass er

nicht schreiben kann?

5 *Umkreise Schlüsselwörter.*

6 *a) Unterstreiche unbekannte Wörter. Versuche zunächst, ihren Sinn aus dem Zusammenhang zu erschließen. Recherchiere, falls dir dies nicht gelingt (Internet, Lexikon).*
b) Was bedeutet das Wort „funktionaler Analphabet"? Die Erklärung gibt der Text. Notiere.

_____

_____

c) Erkläre mit eigenen Worten, was einen „funktionalen" Analphabeten von einem vollkommenen Analphabeten unterscheidet.

_____

_____

7 *a) Gliedere den Text in Sinnabschnitte.*
b) Formuliere mit Hilfe der Schlüsselwörter Überschriften für die einzelnen Sinnabschnitte. Schreibe ins Heft.

Abschnitt 1, Z. 1–8: Tim-Thilo Fellmer offenbart sich als Analphabet

Die beiden Diagramme ergänzen die Aussagen des Textes auf S. 70–71.

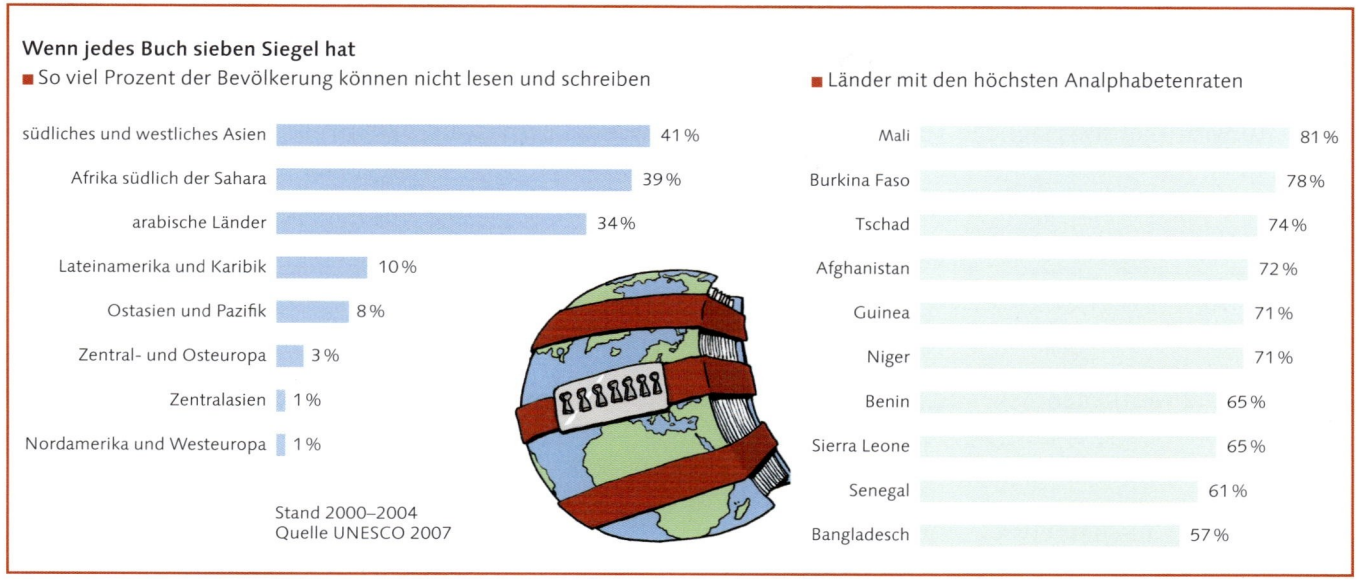

Wenn jedes Buch sieben Siegel hat
■ So viel Prozent der Bevölkerung können nicht lesen und schreiben   ■ Länder mit den höchsten Analphabetenraten

südliches und westliches Asien	41 %	Mali	81 %
Afrika südlich der Sahara	39 %	Burkina Faso	78 %
arabische Länder	34 %	Tschad	74 %
Lateinamerika und Karibik	10 %	Afghanistan	72 %
Ostasien und Pazifik	8 %	Guinea	71 %
Zentral- und Osteuropa	3 %	Niger	71 %
Zentralasien	1 %	Benin	65 %
Nordamerika und Westeuropa	1 %	Sierra Leone	65 %
		Senegal	61 %
		Bangladesch	57 %

Stand 2000–2004
Quelle UNESCO 2007

8 *a) Die Überschrift geht auf eine Redewendung zurück. Man sagt: „Das ist für mich ein Buch mit sieben Siegeln."*
Was bedeutet das? Kreuze die richtige Antwort an. Es bedeutet, …

☐ dass Bücher für mich keinen Sinn haben. ☐ dass ich etwas absolut nicht verstehe.

☐ dass Bücher für mich unverständlich geschrieben sind. ☐ dass ich schwierige Bücher nicht lesen möchte.

b) Formuliere mit eigenen Worten, was es bedeutet, wenn für einen Analphabeten „jedes Buch sieben Siegel hat".

_____

_____

c) Beschreibe das Bildelement zwischen den beiden Diagrammen. Erläutere, was es bedeutet.

_____

_____

9 *Formuliere jeweils in einem Satz die Antwort.*
a) Was sagt das Diagramm über Analphabeten in Lateinamerika und der Karibik aus?

_____

b) In welchem Land gibt es mehr Analphabeten? In Tschad oder in Niger?

_____

10 *Erkläre: Warum ist Europa im Diagramm zweimal erwähnt?*

_____

_____

11 *Fasse den Inhalt des Textes auf S. 70–71 mit eigenen Worten knapp zusammen. Berücksichtige auch die Auswertung der Grafik oben. Schreibe ins Heft.*

Teste dich! – Sachtexten Informationen entnehmen

1 *Fülle die Lücken im folgenden Text.*
Die richtigen Antworten kannst du dem Zeitungsartikel (S. 70–71) und den Diagrammen (S. 73) entnehmen.

Der Zeitungsartikel „Das tägliche Versteckspiel" von Anja Tydecks beschäftigt sich mit den Problemen von

funktionalen Analphabeten in Deutschland. Es ist allgemein zu wenig bekannt, dass es auch in einer

_____ wie in Deutschland so viele Analphabeten gibt, obwohl in diesem Land

_____ besteht. In anderen Erdteilen sind die Probleme noch größer: So sind z. B. im

südlichen und westlichen Asien _____ der Bevölkerung Analphabeten. Länder in Afrika, z. B.

_____ und _____ , weisen die höchsten Analphabetenraten der Welt auf.

Man geht davon aus, dass etwa _____ Deutsche funktionale Analphabeten sind. Bei

funktionalen Analphabeten entsprechen die Lese- und Schreibkenntnisse denen _____

_____ . Als mögliche Ursachen für die Lese- und Schreibschwäche sind

_____

_____

anzusehen. Von den befragten Betroffenen sind _____ arbeitslos. Im Alltagsleben

versuchen Analphabeten, ihre Schwächen mit _____ zu vertuschen.

In vielen Projekten versucht man, funktionalen Analphabeten zu helfen. Besonders erfolgreich ist das Internet-

portal _____ , das derzeit rund _____ hat.

2 *Was bedeuten die folgenden Wörter? Kreuze an.*

Wissensgesellschaft

☐ Gesellschaft, die von Ackerbau und Viehzucht lebt   ☐ Gesellschaft, in der gespielt wird

☐ Gesellschaft, in der vorwiegend mit dem Kopf gearbeitet wird   ☐ Gesellschaft, die Geheimnisse teilt

Dunkelziffer

☐ schlecht lesbare Zahl

☐ unbekannte Zahl

☐ statistisch nicht fassbare Zahl

☐ uninteressante Zahl

Werte deine Ergebnisse aus, indem du deine Antworten mit dem Lösungsheft abgleichst.
Für jede richtige Antwort bekommst du einen Punkt.

14–12 Punkte   *11–8 Punkte*   *7–0 Punkte*
☺ *Gut gemacht!*   ☺ *Gar nicht schlecht. Schau dir die Merkkästen*   ☹ *Arbeite die Seiten 70–73*
                  auf den Seiten 70–73 noch einmal an.   *noch einmal sorgfältig durch.*

Einen Erzähltext erschließen

1 *Lies den folgenden Text und verschaffe dir einen Überblick über die Handlung.*

Walter Helmut Fritz
Augenblicke (1964)

Kaum stand sie vor dem Spiegel im Badezimmer, um sich herzurichten, als ihre Mutter aus dem Zimmer nebenan zu ihr hereinkam, unter dem Vorwand, sie wolle sich nur die Hände waschen.

5 Also doch! Wie immer, wie fast immer.

Elsas Mund krampfte sich zusammen. Ihre Finger spannten sich. Ihre Augen wurden schmal. Ruhig bleiben!

Sie hatte darauf gewartet, dass ihre Mutter auch dieses Mal hereinkommen würde, voller Behutsamkeit, mit je-
10 ner scheinbaren Zurückhaltung, die durch ihre Aufdringlichkeit die Nerven freilegt. Sie hatte – behext, entsetzt, gepeinigt – darauf gewartet, weil sie sich davor fürchtete.

„Komm, ich mach dir Platz", sagte sie zu ihrer Mutter
15 und lächelte ihr zu.

„Nein, bleib nur hier, ich bin gleich so weit", antwortete die Mutter und lächelte.

„Aber es ist doch so eng", sagte Elsa und ging rasch hinaus, über den Flur, in ihr Zimmer. Sie behielt einige Au-
20 genblicke länger als nötig die Klinke in der Hand, wie um die Tür mit Gewalt zuzuhalten. Sie ging auf und ab, von der Tür zum Fenster, vom Fenster zur Tür. Vorsichtig öffnete ihre Mutter. „Ich bin schon fertig", sagte sie. Elsa tat, als ob ihr inzwischen etwas anderes eingefallen
25 wäre, und machte sich an ihrem Tisch zu schaffen.

„Du kannst weitermachen", sagte die Mutter.

„Ja, gleich."

Die Mutter nahm die Verzweiflung ihrer Tochter nicht einmal als Ungeduld wahr.
30 Wenig später allerdings verließ Elsa das Haus, ohne ihrer Mutter Adieu zu sagen. Mit der Tram fuhr sie in die

Stadt, in die Gegend der Post. Dort sollte es eine Wohnungsvermittlung geben, hatte sie einmal gehört. Sie hätte zu Hause im Telefonbuch eine Adresse nachsehen können. Sie hatte nicht daran gedacht, als sie die Trep- 35 pen hinuntergeeilt war.

In einem Geschäft für Haushaltungsgegenstände fragte sie, ob es in der Nähe nicht eine Wohnungsvermittlung gebe. Man bedauerte. Sie fragte in der Apotheke, bekam eine ungenaue Auskunft. Vielleicht im nächsten Haus. 40 Dort läutete sie. Schilder einer Abendzeitung, einer Reisegesellschaft, einer Kohlenfirma. Sie läutete umsonst. Es war später Nachmittag, Samstag, zweiundzwanzigster Dezember.

Sie sah in eine Bar hinein. Sie sah den Menschen nach, 45 die vorbeigingen. Sie trieb mit. Sie betrachtete Kinoreklamen.

Sie ging Stunden umher. Sie würde erst spät zurückkehren. Ihre Mutter würde zu Bett gegangen sein. Sie würde ihr nicht mehr Gute Nacht zu sagen brauchen. 50

Sie würde sich, gleich nach Weihnachten, eine Wohnung nehmen. Sie war zwanzig Jahre alt und verdiente. Kein einziges Mal würde sie sich mehr beherrschen können, wenn ihre Mutter zu ihr ins Bad kommen würde, wenn sie sich schminkte. Kein einziges Mal. 55

Ihre Mutter lebte seit dem Tod ihres Mannes allein. Oft empfand sie Langeweile. Sie wollte mit ihrer Tochter sprechen. Weil sich die Gelegenheit selten ergab (Elsa schützte Arbeit vor), suchte sie sie auf dem Flur zu erreichen oder wenn sie im Bad zu tun hatte. Sie liebte Elsa. 60 Sie verwöhnte sie. Aber sie, Elsa, würde kein einziges Mal mehr ruhig bleiben können, wenn sie wieder zu ihr ins Bad käme.

Elsa floh.

Über der Straße künstliche, blau, rot, gelb erleuchtete 65 Sterne. Sie spürte Zuneigung zu den vielen Leuten, zwischen denen sie ging.

Als sie kurz vor Mitternacht zurückkehrte, war es still in der Wohnung. Sie ging in ihr Zimmer und es blieb still. Sie dachte daran, dass ihre Mutter alt und oft krank war. 70 Sie kauerte sich in ihren Sessel und sie hätte unartikuliert[1] schreien mögen, in die Nacht mit ihrer entsetzlichen Gelassenheit.

---

1 **unartikuliert:** unverständlich, ohne sprachliche Gliederung

ARBEITSTECHNIK – EINE INHALTSANGABE ERARBEITEN

Die **W-Fragen** helfen dir dabei, die wichtigsten Informationen über einen Text herauszufinden:
- ☐ Wo und wann spielt die Geschichte?
- ☐ Wer handelt? Welche Figuren spielen eine Rolle?
- ☐ Was geschieht? Wie geschieht es?
- ☐ Warum geschieht es?
- ☐ Welche Folgen hat das Geschehen?

Nicht immer gibt ein Text auf alle W-Fragen eine Antwort. Besonders die Frage „Warum" lässt sich häufig nicht mit nur wenigen Worten beantworten.

2 a) Lies die Geschichte „Augenblicke" erneut und unterstreiche die Stellen, die Antworten auf die W-Fragen geben. Notiere die W-Fragen dazu am Rand.
   b) Antworte in einem vollständigen Satz.

Wo und wann spielt die Geschichte? _____

Welche Figuren spielen eine Rolle (wer)? _____

ARBEITSTECHNIK – DIE HANDLUNG ERSCHLIESSEN

Die Frage „Was geschieht …?" zu beantworten ist die zentrale Aufgabe der Inhaltsangabe.
Erzählende Texte haben in der Regel mehrere **Handlungsschritte**. Man unterscheidet:
- ☐ Ereignisse der **äußeren Handlung**, die sich als Kette zu einem Handlungsverlauf zusammenfügen,
- ☐ die **innere Handlung**, z. B. die Gedanken, Überlegungen, Pläne und Empfindungen von Figuren.

3 a) Markiere im Text Schritte der äußeren Handlung rot und die der inneren Handlung blau.
   b) Was geschieht? Notiere die Handlungsschritte in der Tabelle.

Äußere Handlung	Innere Handlung
Elsa schminkt sich im Badezimmer, ihre Mutter betritt einfach den Raum.	*Elsa ärgert sich über das aufdringliche Verhalten der Mutter.*
Elsa verlässt das Badezimmer, ihre Mutter folgt.	*Elsa ist verzweifelt.*

4 *Beantworte nun folgende Fragen.*

Warum geschieht es? _____

_____

Welche Folgen hat das Geschehen? _____

_____

ARBEITSTECHNIK – DIE INHALTSANGABE SCHREIBEN

Gliedere die Inhaltsangabe so:
- ☐ **Einleitung**: Nenne die Textsorte, den Titel, den Autor oder die Autorin und das Thema.
- ☐ **Hauptteil**: Informiere über den Ort und die Zeit der Handlung sowie die wichtigsten Figuren. Fasse die Handlungsschritte zusammen. Achte auf eine richtige Reihenfolge.

Schreibe mit eigenen Worten, **knapp** und **sachlich**. Verzichte auf persönliche Meinungsäußerungen und auf Spannung erzeugende Formulierungen wie z. B. *plötzlich, auf einmal.*
Schreibe im **Präsens**, bei Vorzeitigkeit im Perfekt.
Verwandele direkte Rede in ▷ **indirekte Rede**. ▷ S. 30–33

---

5 *Schreibe zu dem Erzähltext „Augenblicke" von Walter Helmut Fritz eine vollständige Inhaltsangabe.*
Du kannst in deinem Heft oder am PC arbeiten.
Die Einleitung ist bereits vorgegeben. Verwende beim Schreiben des Hauptteils die nachfolgenden Formulierungs-hilfen.

Die Geschichte spielt in …	Es wird kein genaues Jahr angegeben, aber …

Es beginnt damit, dass eine Mutter …	Die Tochter Elsa fühlt sich …	Am Ende …

Weil sie das aufdringliche Verhalten ihrer Mutter nicht ertragen kann, …	Dann …

Während Elsa durch die Stadt läuft, …	Es werden aber auch die Gefühle der Mutter …

Die Kurzgeschichte „Augenblicke" von Walter Helmut Fritz stellt die schwierige Beziehung

zwischen einer Tochter und ihrer Mutter dar. _____

_____

_____

_____

_____

_____

_____

_____

_____

ARBEITSTECHNIK – EINE FIGUR BESCHREIBEN

In einer **Figurenbeschreibung** wird jemand nicht nur äußerlich, sondern in seiner gesamten Persönlichkeit dargestellt und beurteilt. Das nennt man **charakterisieren**. Dabei sind wichtig:

☐ allgemeine Angaben (Name, Alter …)
☐ Aussehen: körperliche Merkmale, Kleidung, besondere Auffälligkeiten …
☐ Lebensumstände: Familienverhältnisse, Beruf, gesellschaftliche Stellung …
☐ Eigenschaften, Verhalten: Gefühle, Gedanken, Einstellung, Vorlieben, Abneigungen, Verhältnis zu Mitmenschen, Verhalten in besonderen Situationen …

Beurteile abschließend die Figur.
Schreibe im **Präsens**.

In seiner Novelle „Kleider machen Leute" erzählt der Schweizer Schriftsteller Gottfried Keller die Geschichte vom wandernden Schneidergesellen Wenzel Strapinski. Strapinski wird wegen seiner vornehmen Kleidung fälschlicherweise für einen Grafen gehalten und gerät in allerlei Verwicklungen. Er hält schließlich um die Hand von Nettchen an, die als Tochter des Amtsrats sicher keinen Schneider heiraten würde. Doch Nettchen liebt den angeblichen Grafen und willigt ein. Auf der Verlobungsfeier jedoch wird der falsche Graf entlarvt und flieht.

1 *Lies den folgenden Text und verschaffe dir einen Überblick über die Handlung.*

Gottfried Keller
Kleider machen Leute (1873/74, Auszug)

Unser Schneider weinte bitterlich über sich, das heißt, er fing an zu weinen, als seine Gedanken plötzlich zu der verlassenen Braut zurückkehrten. Das Unglück und die Erniedrigung zeigten ihm ganz deutlich das verlorene
5 Glück und machten aus ihm einen unglücklich Liebenden. Er streckte die Arme gegen die kalt glänzenden Sterne empor und taumelte mehr als er ging auf seiner Straße, stand wieder still und schüttelte den Kopf, als plötzlich ein roter Schein den Schnee um ihn her er-
10 reichte und zugleich Schellenklang und Gelächter ertönten. Es waren die Seldwyler[1], die mit Fackeln nach Hause fuhren. Schon näherten sich ihm die ersten Pferde mit ihren Nasen; da raffte er sich auf, machte einen gewaltigen Sprung über den Straßenrand und duckte
15 sich unter die vordersten Stämme des Waldes. Der tolle Zug fuhr vorbei und verhallte endlich in der dunklen Ferne, ohne dass der Flüchtling bemerkt worden war; dieser aber, nachdem er eine gute Weile regungslos gelauscht hatte, von der Kälte wie auch von den feurigen
20 Getränken und seiner sorgenvollen Benommenheit übermannt, streckte einfach seinen Körper aus und schlief ein auf dem knisternden Schnee, während ein eiskalter Hauch von Osten heranzuwehen begann.
Inzwischen erhob auch Nettchen sich von ihrem einsa-
25 men Sitz. Sie hatte dem weggehenden Geliebten aufmerksam nachgeschaut, saß länger als eine Stunde unbeweglich da und stand dann auf, indem sie bitterlich zu weinen begann und ratlos zur Tür ging.
Nettchen ging mit festen Schritten voran in den Hof, wo
30 der Schlitten Fortuna mit den ungeduldigen, wohlgefütterten Pferden bereitstand, einer der letzten, welche noch dort waren. Sie nahm rasch darin Platz und fuhr in

munterem Galopp auf die Landstraße hinaus. Und zwar ging es nicht nach der Heimatstadt, sondern auf der Seldwyler Straße hin. 35
Warum Nettchen den Weg nach Seldwyla eingeschlagen hatte, ob in der Verwirrung oder mit Absicht, ist nicht sicher zu berichten. Sie sagte mehrmals laut vor sich hin: „Ich muss noch zwei Worte mit ihm sprechen, nur zwei Worte!" Auch war es seltsam, als die Fortuna in 40 die Waldstraße gelangte, in welche jetzt der helle Vollmond hineinschien, wie Nettchen den Lauf der Pferde verlangsamte. Sie zog die Zügel fester an, sodass die Pferde beinah nur im Schritt gingen, während die Lenkerin die traurigen, aber dennoch scharfen Augen gespannt 45 auf den Weg heftete, ohne links und rechts den kleinsten auffälligen Gegenstand außer Acht zu lassen.

1 **Seldwyler:** Bewohner der Schweizer Stadt Seldwyla

2 *Der Schneider ist sehr unglücklich.*
a) Markiere Textstellen, aus denen man dies ablesen kann.
b) Beschreibe mit eigenen Worten genau, was in dem Schneider vorgeht.

_____

_____

_____

_____

_____

3 *a) Unterstreiche Textstellen, in denen das Verhalten des Schneiders beschrieben wird.*
b) Erkläre, wie sich seine Gefühle in seinem Verhalten ausdrücken.

_____

_____

_____

_____

_____

_____

4 *Auch Nettchen ist innerlich sehr aufgewühlt. Beschreibe ihr Verhalten und ihre Gefühle.*
Berücksichtige dabei auch Nettchens wörtliche Rede.

_____

_____

_____

_____

_____

_____

5 *Gibt der Textauszug Auskunft darüber, wie Wenzel und Nettchen nach der gescheiterten Verlobung zueinander*
stehen? Schreibe auf, wie du die Situation einschätzt.

_____

_____

_____

_____

Teste dich! – Erzähltexte erschließen

1 *Lies die Kurzgeschichte „Schlittenfahren" von Helga M. Novak aufmerksam durch und verschaffe dir einen Überblick über das Geschehen.*

Helga M. Novak
Schlittenfahren (1968)

Das Eigenheim steht in einem Garten. Der Garten ist groß. Durch den Garten fließt ein Bach. Im Garten stehen zwei Kinder. Das eine der Kinder kann noch nicht sprechen. Das andere Kind ist größer. Sie sitzen auf einem Schlitten. Das kleinere Kind weint. Das größere sagt, gib den Schlitten her. Das kleinere weint. Es schreit.

Aus dem Haus tritt ein Mann. Er sagt, wer brüllt, kommt rein.

Er geht in das Haus zurück. Die Tür fällt hinter ihm zu. Das kleinere Kind schreit.

Der Mann erscheint wieder in der Haustür. Er sagt, komm rein. Na wird's bald. Du kommst rein. Nix. Wer brüllt, kommt rein.

Komm rein.

Der Mann geht hinein. Die Tür klappt.

Das kleinere Kind hält die Schnur des Schlittens fest. Es schluchzt.

Der Mann öffnet die Haustür. Er sagt, du darfst Schlitten fahren, aber nicht brüllen. Wer brüllt, kommt rein. Ja. Ja. Jaaa.

Schluss jetzt.

Das größere Kind sagt, Andreas will immer allein fahren.

Der Mann sagt, wer brüllt, kommt rein. Ob er nun Andreas heißt oder sonst wie.

Er macht die Tür zu.

Das größere Kind nimmt dem kleineren den Schlitten weg.

Das kleinere Kind schluchzt, quietscht, jault, quengelt.

Der Mann tritt aus dem Haus. Das größere Kind gibt dem kleineren den Schlitten zurück. Das kleinere Kind setzt sich auf den Schlitten. Es rodelt.

Der Mann sieht in den Himmel. Der Himmel ist blau. Die Sonne ist groß und rot. Es ist kalt.

Der Mann pfeift laut. Er geht wieder ins Haus zurück. Er macht die Tür hinter sich zu.

Das größere Kind ruft, Vati, Vativativati, Vaatiii, jetzt ist Andreas in den Bach gefallen.

Die Haustür öffnet sich einen Spalt breit. Eine Männerstimme ruft, wie oft soll ich das noch sagen, wer brüllt, kommt rein.

2 *Hast du das Thema des Textes gut verstanden? Kreuze die richtige Antwort an.*

In dem Erzähltext geht es hauptsächlich um

A ☐ spielende Kinder. B ☐ Streit zwischen Geschwistern.

C ☐ ein gestörtes Verhältnis zwischen einem Vater und seinen Kindern.

3 *Beschreibe das Verhalten des Vaters. Kreuze drei Adjektive/Partizipien an, die du für passend hältst.*

A ☐ verständnisvoll B ☐ abweisend C ☐ einfühlsam D ☐ liebevoll

E ☐ uninteressiert F ☐ lieblos G ☐ zugewandt H ☐ frostig

J ☐ hart K ☐ herzlich

4 *Welche Atmosphäre herrscht in der Geschichte? Kreuze zwei Antworten an.*

A ☐ entspannt B ☐ harmonisch C ☐ beklemmend

D ☐ freundlich E ☐ kalt

Eine Dramenszene untersuchen

ARBEITSTECHNIK – DRAMENSZENEN ERSCHLIESSEN

Folgende Fragen helfen, dir, den Inhalt einer Dramenszene zu verstehen:
- ☐ Wo und wann spielt die Handlung?
- ☐ Welche Figuren treten auf?
- ☐ Wie stehen die Figuren zueinander?
- ☐ Worüber sprechen sie?
- ☐ Wie sprechen sie miteinander?

▷ S. 82

In Shakespeares Drama „Romeo und Julia" geht es um die tragische Beziehung eines Liebespaars vor dem Hintergrund der Feindschaft seiner Familien. Auf einem Fest verlieben sich Romeo (Familie Montague) und Julia (Familie Capulet) leidenschaftlich ineinander und beschließen, sich heimlich trauen zu lassen. Aber schon kurz nach der Trauung wird Romeo aus Verona verbannt, weil er den Mörder seines Freundes getötet hat. Die Lage der Liebenden scheint aussichtslos, bis Bruder Laurenz einen Plan ausheckt, um Romeo und Julia wieder zusammenzubringen. Am Ende scheitert der Plan wegen einer Verkettung unglücklicher Zufälle. Romeo und Julia sterben auf tragische Art und Weise.

1 *Lies die folgende Szene.*

William Shakespeare
Romeo und Julia (1595, Auszug)

Die Szene stammt aus dem dritten Akt.
Nachdem Bruder Laurenz den verzweifelten Romeo wieder zur Besinnung gebracht hat,
geht die Handlung im Hause der Capulets weiter, wo Graf Paris um Julias Hand anhält.

Vierte Szene
Das Haus der Capulets.
Der alte Capulet, seine Frau und Graf Paris treten auf.

CAPULET: Es haben sich hier so schlimme Dinge ereignet,
5   dass wir noch keine Zeit hatten,
       um mit unserer Tochter zu sprechen.
       Sie liebte ihren Verwandten, den Tybalt, so sehr. –
       Nun, wir sind alle nur zum Sterben geboren.
       Es ist schon spät. Heute wird sie nicht mehr aus ihrem Zimmer herunterkommen.
10 GRAF PARIS: Diese Zeiten voller Leid verhinderten,
       dass ich ihr selbst meine Liebe bekennen konnte.
       Gute Nacht, Madam, viele Grüße an Ihre Tochter.
    LADY CAPULET: Morgen früh werde ich mit ihr sprechen
       und erfahren, was sie von Ihrem Antrag hält.
15   Heute Abend ist sie noch gefangen in ihrer Trauer.
       Graf Paris geht langsam weg. Capulet ruft ihn zurück.
    CAPULET: Graf Paris, meine Tochter wird Sie sicherlich lieben.
       Ich glaube, sie wird sich von mir leiten lassen,
       ganz bestimmt, ich zweifle nicht daran. –
20   Frau, bevor du zu Bett gehst, geh zu ihr
       und sag ihr, dass Graf Paris sie liebt.
       Sag ihr – hörst du – am nächsten Mittwoch –
       Oh – welcher Tag ist heute?
    GRAF PARIS: Montag, mein Herr.
25 CAPULET: Montag? So, so! Na, Mittwoch ist ein bisschen schnell,
       am Donnerstag soll es stattfinden. Am Donnerstag soll sie den edlen Grafen heiraten.

Zum Grafen:
Werden Sie bereit sein? Gefällt Ihnen diese Eile?
Wir werden keine großen Umstände machen,
30 weil Tybalt gerade getötet worden ist.
Was sagen Sie zu Donnerstag?
GRAF PARIS: Mein Herr, ich wollte, Donnerstag wäre schon morgen.
CAPULET: Abgemacht, gehen Sie jetzt. Also am Donnerstag.
Zu seiner Frau:
35 Und du gehst nachher zu Julia, bereite sie auf ihren
Hochzeitstag vor.
Alle gehen.

2 *Das Drama spielt in Verona (Italien) im 14. Jahrhundert.*
Fasse zusammen, welche Angaben du in dieser Szene zusätzlich bekommst.
a) Wo genau spielt die Handlung dieser Szene?

_____

_____

b) Welche Figuren sind beteiligt und was erfährst du über sie?

_____

_____

_____

_____

3 *Nachdem Graf Paris gegangen ist, geht Capulet die Abmachung mit Paris noch einmal durch den Kopf. Was könnte er denken? Schreibe Capulets Gedanken auf, arbeite im Heft.*

4 *Lies die folgende Szene.*

> **TIPP**
>
> Die Stellung der Figuren zueinander, die **Figuren-konstellation** – Nähe, Ferne, Liebe, Konkurrenz, Neid usw. –, kann man in einem Schaubild mit Pfeilen, Zeichen und Bildchen (Piktogrammen) verdeutlichen; ähnlich denen in Comics.

Fünfte Szene

Romeo und Julia verbringen eine Nacht zusammen. Nach Romeos Fortgang kommt Julias Mutter.
Sie teilt ihrer Tochter mit, dass sie den Grafen Paris heiraten soll. Julia versucht alles,
um ihre Mutter davon abzubringen. Dann kommt auch der alte Capulet, Julias Vater, hinzu.

Julias Schlafzimmer. Auf der einen Seite das Fenster über dem Garten, auf der anderen Seite eine Tür.

LADY CAPULET *(zu ihrem Mann):* Sie will von einer Heirat nichts wissen.
CAPULET: Wie? Sie will nichts davon wissen? Sagt sie uns keinen Dank, dass wir einen so
würdigen Edelmann dazu gebracht haben, ihr Bräutigam zu sein?
Zu Julia, wütend: Du kleines Aas, du wirst am nächsten Donnerstag
5 mit Paris in die Kirche Sankt Peter gehen
oder ich werde dich dort hinschleifen.

JULIA: Guter Vater, ich bitte dich auf Knien, hör mich an
    mit Geduld, nur ein Wort.
10 CAPULET: Zum Henker mit dir, du freches Luder!
    Ich sage dir – du bist am Donnerstag in der Kirche,
    oder komm mir nie wieder unter die Augen!
    Keine Widerrede! Es juckt mich in der Hand! –
    Frau, wir glaubten, dass Gott uns nur wenig gesegnet hat,
15   weil er uns nur ein Kind geschenkt hat.
    Jetzt sehe ich, es war ein Kind zu viel! –
    Verfluchtes Miststück!

5 Fasse zusammen, worum es in der Auseinandersetzung zwischen Julia und ihrem Vater geht.

_____

_____

_____

_____

6 Capulet ist sehr aufgebracht, als Julia sich den Heiratsplänen entgegenstellt. Untersuche seine Sprache.
Finde Beispiele für seinen Zorn und erläutere sie.

Textstellen	Erläuterungen
„Wie? Sie will nichts davon wissen?	Fragen zeigen Capulets Empörung
Sagt sie uns keinen Dank (…)?" (Z. 2)	
„Du kleines Aas" (Z. 5)	Schimpfwort zeigt seine Verärgerung

7 Stelle die Beziehung zwischen Julia und ihren Eltern in einem Schaubild dar.

8 Beschreibe, wie sich das Verhältnis zwischen Julia und ihrem Vater im Laufe der Szene verändert.

_____

_____

_____

Teste dich! – Dramenszenen untersuchen

1 *Welche der folgenden Aussagen ist zutreffend? Kreuze an.*

A ☐ Die Capulets überlegen mit Julia zusammen, was für eine Heirat mit Paris spricht.

B ☐ Die Capulets möchten ihrer Tochter mit dem Plan eine Freude machen.

C ☐ Die Eltern vermuten, dass Julia um Tybalt trauert, und haben viel Verständnis für ihre Trauer.

D ☐ Die Capulets wissen nicht, dass Romeo und Julia verheiratet sind, und können deshalb die Reaktion ihrer Tochter nicht verstehen.

E ☐ Julia möchte den Plan ihrer Eltern durchkreuzen, weil sie vorher nicht gefragt worden ist.

2 *Wähle die drei Adjektive aus, die den Charakter von Julias Vater passend kennzeichnen. Kreuze sie an.*

A ☐ geduldig   B ☐ offen   C ☐ aufbrausend

D ☐ verständnisvoll   E ☐ egoistisch   F ☐ streng

3 *Am Ende sagt Capulet: „Jetzt sehe ich, es war ein Kind zu viel!"*
Erkläre, was er mit dieser Äußerung meint.

_____

_____

_____

_____

_____

4 *In den Szenen 4 und 5 des dritten Aktes gibt es drei Hinweise auf die Rolle, die Julias Mutter in der Familie spielt.*
a) Markiere diese Textstellen und gib die Zeilen an.

_____

b) Fasse die Rolle der Mutter in einem Satz zusammen.

_____

_____

_____

Werte deine Ergebnisse aus, indem du deine Antworten mit dem Lösungsheft abgleichst.
Für jede richtige Antwort bekommst du einen Punkt.

9–8 Punkte	7–5 Punkte	4–0 Punkte
☺ Gut gemacht!	☺ Gar nicht schlecht. Schau dir die Merkkästen auf den Seiten 81–83 noch einmal an.	☹ Arbeite die Seiten 81–83 noch einmal sorgfältig durch.

Gedichte interpretierend vortragen

> Du kannst ein Gedicht zum Vortrag vorbereiten, indem du ein **Schreibbild** gestaltest.
> Drücke die Betonungen, Pausen und Stimmveränderungen durch eine besondere Schreibweise des Wortes oder der einzelnen Buchstaben aus.
> Mögliche **Gestaltungsmittel** sind:
> - Vergrößerung (Höhe) der Buchstaben (Stimmhebung oder -senkung)
> - Verbreiterung (lauter und leiser werden)
> - Vervielfachung bestimmter Buchstaben (z. B. Dehnung bestimmter Vokale, Betonung der s-Laute, Rollen der r-Laute)
> - Veränderung des Wortabstandes (Veränderung der Sprechgeschwindigkeit)
> - Einsatz verschiedener Farben (Ausdruck bestimmter Stimmungen) oder Zeichen

1776 verfasste Goethe ein Gedicht mit Namen „Wandrers Nachtlied". Einige Jahre später schrieb er an die Holzwand einer Jagdhütte bei Ilmenau (Thüringen) ein Gedicht mit gleichem Thema, das er „Ein Gleiches" nannte. Es ist sehr berühmt.

1 *Trage das Gedicht laut vor. Achte dabei auf die Schreibbildgestaltung.*

Johann Wolfgang Goethe
Ein Gleiches (1780)

Über allen Gipfeln
ist Ruh,
in allen Wipfeln
Spürest du
Kaum einen Hauch;
Die Vögelein schweigen im Walde.
Warte nur! Balde
Ruhest du auch.

2 *a) Lies das folgende Gedicht mehrmals.*
b) Gestalte im Heft ein Schreibbild zu diesem Gedicht. Trage es damit laut vor.

Frank Klötgen
Wandrers Nachtlied. Der Spreepark-Remix (2008)

Über allen Schienen
ist Ruh
und in bemoosten Fahrkabinen
ahnest du
5 schlummern Fahrtwindturbulenzen
Alle Statik
starrt und knarrt
dir und uns den Riesenrat:
Jeder stößt an seine Grenzen

10 Vor dem Tore: Kassenhäuschen
die warten schon lange

auf Wärter und Schlange
und wundern sich: Kerl'n krasses Päuschen!

Hier liegt
15 des Vergnügens Mumie
zu Ruinen aufgebahrt
Die Dinos verrotten im Walde

Warte nur
balde
20 endet auch für dich die Fahrt

3 *Frank Klötgen bezieht sich auf Goethes Gedicht „Ein Gleiches".*
a) Recherchiere im Internet zum Begriff „Spreepark".
b) Beschreibe die Zusammenhänge zwischen beiden Gedichten.

Ich teste meinen Lernstand

> **TIPP**
>
> Mit Hilfe des Tests auf S. 87–95 kannst du erkennen, ob du die wichtigsten Inhalte und Arbeitstechniken im Fach Deutsch beherrschst.
> Vorab solltest du überlegen, was du bereits gelernt hast: Wo liegen deine Stärken oder Schwächen im **Textverstehen** und **Schreiben**, in der **Grammatik** und in der **Textüberarbeitung**?

Diagnose: Meine Stärken und Schwächen im Fach Deutsch

1 *Die Übersicht zeigt dir die wichtigsten Bereiche im Fach Deutsch.*
   a) Kreuze für jeden Bereich an, wie gut du ihn schon beherrschst.
   b) Frische dein Wissen auf und fülle Lücken: Schlage zu den Bereichen, die du nicht gut oder mittelmäßig beherrschst, noch einmal die Übungen auf den angegebenen Seiten nach. Sieh dir dort die Merkkästen an. Führe Übungen, die du noch nicht gemacht hast, aus.

Bereich	gut	mittel	nicht gut	Übungen auf Seite	Wiederholung erledigt
Textverstehen, z. B.					
Informationen entnehmen (lesen, markieren, Begriffe klären, Fragen stellen, Stichworte notieren, gliedern, zusammenfassen, Textaussagen bewerten)	☐	☐	☐	S. 70–73	☐
Informationen aus Grafiken, Schaubildern und Tabellen entnehmen, zusammenfassen und bewerten	☐	☐	☐	S. 73	☐
Merkmale von Texten unterscheiden und ihre Wirkungsweisen kennen (z. B. Bericht, Reportage, Kurzgeschichte)	☐	☐	☐	S. 12–13, 15, 75	☐
Literarische Texte erschließen (Inhalte zusammenfassen, Figuren beschreiben)	☐	☐	☐	S. 75–77, 78–79, 81–83	☐
Lyrische Texte untersuchen und vortragen	☐	☐	☐	S. 85	☐
Schreiben, z. B.					
Eigene Texte vorbereiten, schreiben und überarbeiten (gliedern, Formulierungen mit Proben ausprobieren, begründen)	☐	☐	☐	S. 7–10, 15–16, 18–20, 66–69	☐
Einen sachlichen Bericht schreiben (z. B. über einen Sachverhalt; Vorgang, Gegenstand, Person beschreiben)	☐	☐	☐	S. 7–10	☐
Stellung beziehen und Meinungen begründen (z. B. Leserbrief, Kommentar)	☐	☐	☐	S. 18–20	☐
Literarische Texte umformen, weiterschreiben, ergänzen	☐	☐	☐	S. 82	☐
Nachdenken über Sprache, z. B.					
Die Ausdrucksweise und Wirkung von sprachlichen Äußerungen unterscheiden und vergleichen (z. B. informierende, argumentierende Texte)	☐	☐	☐	S. 18–20, 70–73	☐
Wortarten kennen und gezielt verwenden (z. B. Nomen, Pronomen, Verb, Adverb)	☐	☐	☐	S. 22–25	☐
Tempusformen und weitere Verbformen kennen, richtig bilden und verwenden (Zeitformen, Aktiv/Passiv, Konjunktiv)	☐	☐	☐	S. 24–25	☐
Satzreihen und Satzgefüge unterscheiden und sicher anwenden	☐	☐	☐	S. 40–47	☐
Wortbedeutungen erschließen und richtig anwenden (z. B. Ober- und Unterbegriff, Schlüsselwort, Synonym/Antonym, Metapher, Fremdwort)	☐	☐	☐	S. 3–5, 70–73	☐
Richtig schreiben (Rechtschreib- und Zeichensetzungsregeln kennen und beachten, Schreibungen überprüfen, Rechtschreibstrategien anwenden)	☐	☐	☐	S. 50–69	☐

Mutproben und andere Gefahren: Nur ein Spiel?!

A1 Einen erzählenden Text verstehen

1 *Lies die folgende Kurzgeschichte.*

Georg Britting
Brudermord im Altwasser

Das sind grünschwarze Tümpel, von Weiden überhangen, von Wasserjungfern übersurrt, das heißt: wie Tümpel und kleine Weiher, und auch große Weiher ist es anzusehen, und es ist doch nur Donauwasser, durch
5 Steindämme abgesondert vom großen, grünen Strom, Altwasser, wie man es nennt. Fische gibt es im Altwasser, viele; Fischkönig ist der Bürstling, ein Raubtier mit zackiger, kratzender Rückenflosse, mit bösen Augen, einem gefräßigen Maul, grünschwarz schillernd wie das
10 Wasser, darin er jagt. Und wie heiß es hier im Sommer ist! Die Weiden schlucken den Wind, der draußen über dem Strom immer geht. Und aus dem Schlamm steigt ein Geruch wie Fäulnis und Kot und Tod. Kein besserer Ort ist zu finden für Knabenspiele als dieses gründäm-
15 mernde Gebiet. Und hier geschah, was ich jetzt erzähle. Die drei Hofberger Buben, elfjährig, zwölfjährig, dreizehnjährig, waren damals im August jeden Tag auf den heißen Steindämmen, hockten unter den Weiden, waren Indianer im Dickicht und Wurzelgeflecht, pflückten
20 Brombeeren, die schwarzfeucht, stachlig geschützt glänzten, schlichen durch das Schilf, das in hohen Stangen wuchs, schnitten sich Weidenruten, rauften, schlugen auch wohl einmal dem Jüngsten, dem Elfjährigen, eine tiefe Schramme, dass sein Gesicht rot beschmiert
25 war wie eine Menschenfressermaske, brachen wie Hirsche und schreiend durch Buschwerk und Graben zur breitfließenden Donau vor, wuschen den blutigen Kopf,

und die Haare deckten die Wunde dann, und waren gleich wieder versöhnt. Die Eltern durften natürlich nichts erfahren von solchen Streichen, und sie lachten 30 alle drei und vereinbarten wie immer: „Zu Hause sagen wir aber nichts davon!"
Die Altwässer ziehen sich stundenweit die Donau entlang. Bei einem Streifzug einmal waren die drei tief in die grüne Wildnis vorgedrungen, tiefer als je zuvor, bis 35 zu einem Weiher, größer, als sie je einen gesehen hatten, schwarz der Wasserspiegel, und am Ufer lag ein Fischerboot angekettet. Den Pfahl, an dem die Kette hing, rissen sie aus dem schlammigen Boden, warfen Kette und Pfahl ins Boot, stiegen ein, ein Ruder lag auch dabei, und ru- 40 derten in die Mitte des Weihers hinaus. Nun waren sie Seeräuber und träumten und brüteten wilde Pläne. Die Sonne schien auf ihre bloßen Köpfe, das Boot lag unbeweglich, unbeweglich stand das Schilf am jenseitigen Ufer, Staunzen[1] fuhren leise summend durch die dicke 45 Luft, kleine Blutsauger, aber die abgehärteten Knaben spürten die Stiche nicht mehr.
Der Dreizehnjährige begann, das Boot leicht zu schaukeln. Gleich wiegten sich die beiden anderen mit, auf und nieder, Wasserringe liefen über den Weiher, Wellen 50 schlugen platschend ans Ufer, die Binsen schwankten und wackelten. Die Knaben schaukelten heftiger, dass der Bootsrand bis zum Wasserspiegel sich neigte und das aufgeregte Wasser ins Boot hineinschwappte. Der

---

1 **Staunzen:** süddeutsch, altertümlich für Stechmücken

55 kleinste, der Elfjährige, hatte einen Fuß auf den Bootsrand gesetzt und tat jauchzend seine Schaukelarbeit. Da
gab der Älteste dem Zwölfjährigen ein Zeichen, den Kleinen zu schrecken, und plötzlich warfen sie sich beide
auf die Bootsseite, wo der Kleine stand, und das Boot
60 neigte sich tief, und dann lag der Jüngste im Wasser und
schrie, und ging unter und schlug von unten gegen das
Boot, und schrie nicht mehr und pochte nicht mehr und
kam auch nicht mehr unter dem Boot hervor, unter dem
Boot nicht mehr hervor, nie mehr.
65 Die beiden Brüder saßen stumm und käsegelb auf den
Ruderbänken in der prallen Sonne, ein Fisch schnappte
und sprang über das Wasser heraus. Die Wasserringe
hatten sich verlaufen, die Binsen standen wieder unbeweglich, die Staunzen summten bös und stachen. Die
70 Brüder ruderten das Boot wieder ans Ufer, trieben den
Pfahl mit der Kette wieder in den Uferschlamm, stiegen

aus, trabten auf dem langen Steindamm dahin, trabten
stadtwärts, wagten nicht, sich anzusehen, liefen hintereinander, achteten der Weiden nicht, die ihnen ins Gesicht schlugen, nicht der Brombeersträucherstacheln, 75
die an ihnen rissen, stolperten über Wurzelschlangen,
liefen, liefen und liefen.
Die Altwässer blieben zurück, die grüne Donau kam,
breit und behäbig, rauschte der Stadt zu, die ersten Häuser sahen sie, sie sahen den Dom, sie sahen das Dach des 80
Vaterhauses.
Sie hielten, schweißüberronnen, zitterten verstört, die
Knaben, die Mörder, und dann sagte der Ältere wie immer nach einem Streich: „Zu Hause sagen wir aber nichts
davon!" Der andere nickte, von wilder Hoffnung über- 85
wuchert, und sie gingen, entschlossen, ewig zu schweigen, auf die Haustüre zu, die sie wie ein schwarzes Loch
verschluckte.

2 *Gliedere die Erzählung in sinnvolle Abschnitte und ordne ihnen passende Überschriften zu.*

Z. _____ bis _____ _____

Z. _____ bis _____ _____

Z. _____ bis _____ _____

Z. _____ bis _____ _____

Die Jungen entwenden ein Boot   Die Spiele der Jungen im Altwasser

Beschreibung des Fischkönigs   Der Tod des jüngsten Bruders

Das Verhalten der Brüder nach dem Tod   Der Traum, Seeräuber zu sein

Die Brüder schlagen dem Jüngsten eine Schramme   Die Natur am Donaualtwasser

3 *Ergänze die Mind-Map mit Zeilenangaben der Zeilen 3 bis 32.*

Gerüche   Farben

Tiere   **Im Altwasser der Donau**   Geräusche

Bewegungen   Pflanzen

4 *Kreuze an, welche Aussagen über die Darstellung des Altwassers zutreffen.*

A ☐ Sie ist eine unwichtige, überflüssige Naturbeschreibung.

B ☐ Sie schildert den Schauplatz, wo die Jungen spielen.

C ☐ Sie deutet auf die Katastrophe voraus.

D ☐ Sie könnte aus einem Erdkundebuch über die Donaualtwasser stammen.

E ☐ Farben, Geräusche, Gerüche usw. passen zur Stimmung der Jungen.

F ☐ Sie schildert die Landschaft als Anglerparadies.

5 *Kannst du schwierige Wörter klären? Kreuze die richtige Antwort an.*

„Wasserjungfern" (Z. 2) sind

A ☐ Nixen   B ☐ Libellen   C ☐ badende Mädchen   D ☐ kleine Fische

6 *Verstehst du eine bildreiche Sprache? Kreuze die richtige Antwort an.*

„sie [...] träumten und brüteten wilde Pläne" (Z. 41–42) bedeutet,

A ☐ sie langweilen sich.   B ☐ sie diskutieren ihre Pläne.

C ☐ sie überlassen sich ihren Fantasien.   D ☐ sie spielen Seeräuber.

7 *Welche der folgenden Skizzen veranschaulicht das Verhältnis der drei Brüder zueinander? Kreuze an.*

A ☐

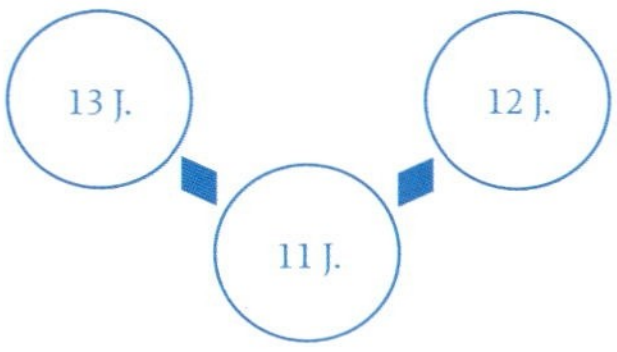

13 J.   12 J.   11 J.

B ☐

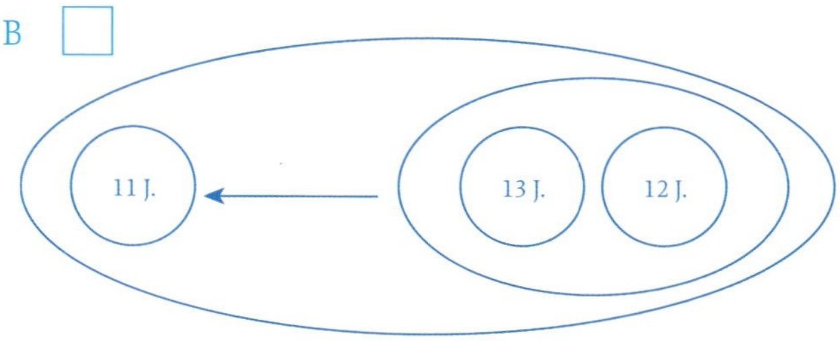

11 J. ← 13 J. 12 J.

C ☐

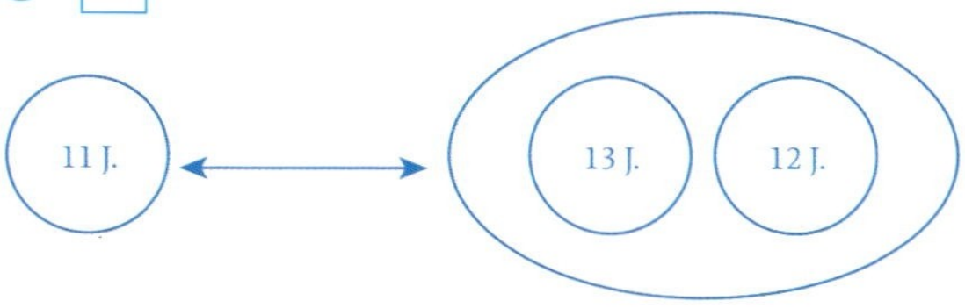

11 J. ↔ 13 J. 12 J.

D ☐

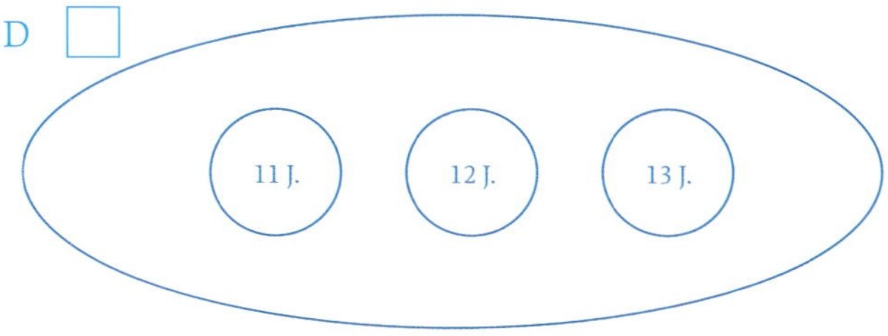

11 J.   12 J.   13 J.

Begründung: *Geeignet ist Skizze _____ , weil* _____

_____

8 *Was wird erzählt? Verbinde die Zeilenangaben mit den zutreffenden Beurteilungen.*

Z. 16–22	kein Spiel, sondern tödliche Gefahr	Z. 38–47
Z. 22–29	übertrieben wildes Spiel	Z. 48–58
Z. 29–32	harmlose Jungenspiele	Z. 58–64

9 *Schreibe den Satz heraus, der den Tod des Jungen schildert. Unterstreiche die Wiederholungen.*

_____

_____

_____

10 *Welche Wirkung haben die Wiederholungen? Streiche Unzutreffendes durch.*

Die Wiederholungen betonen die Langsamkeit/Schnelligkeit des Geschehens. Sie verdeutlichen, dass die Tat hätte verhindert werden können/dass sie nicht ungeschehen gemacht werden kann.

11 *Vergleiche die Überschrift und die Aussage in Zeile 83 mit folgender Erklärung. Notiere dein Urteil über die Tat der Jungen. Begründe es.*

Mörder ist, wer z. B. aus Mordlust, aus Habgier oder sonst aus niedrigen Beweggründen heimtückisch oder grausam einen Menschen tötet.

Ich bin der Meinung, dass _____

_____

Der Autor hat wahrscheinlich die Überschrift gewählt, _____

_____

12 *Zwei Schüler deuten den Schluss der Geschichte (Z. 78–88).*
a) Lies ihre Texte.

Hatice
Mir fällt auf, dass am Schluss der Satz „Zu Hause sagen wir aber nichts davon!" wiederholt wird. Hier geht es aber nicht wie vorher um einen Streich, sondern der Tod des Bruders lastet auf beiden. Der Jüngere ist wohl „voll wilder Hoffnung", dass ihre Tat nicht entdeckt wird und dass sie ihr Schweigen für immer durchhalten können. Das „schwarze Loch", das sie „verschluckte", macht ihre Hoffnungslosigkeit und die Schwere ihrer Tat deutlich.

Thorben
Die beiden Jungen haben sich auf dem Weg nach Hause beruhigt, und der Älteste tröstet sich und seinen Bruder mit dem Satz: „Zu Hause sagen wir aber nichts davon!" Es ist so wie immer nach einem ihrer Streiche. Sie sind „entschlossen, ewig zu schweigen", und deshalb können sie sicher sein, dass ihre Tat nicht entdeckt wird. Früher haben ihre Eltern ja auch nichts von ihren Streichen erfahren. In dem schwarzen Loch am Ende des Textes wird wohl ihre Tat versinken.

b) Welche der beiden Deutungen trifft deiner Meinung nach zu? Begründe.

_____

_____

_____

B Nachdenken über Sprache

13 *Bestimme das Tempus (die Zeitform) der Prädikate in den Sätzen und ihre jeweilige Funktion.*
Zeitformen: Präsens, Präteritum, Plusquamperfekt.
Funktion: Ereignis vor einem Geschehen in der Vergangenheit, Geschehen in der Vergangenheit, geschieht gerade, geschieht immer, ist allgemein gültig, geschieht in der Zukunft.
Arbeite im Heft eine Tabelle nach folgendem Muster aus.
Beziehe dich auf folgende Zeilen: 15, 16–31, 31–32, 33, 34–36, 37–54, 54–56, 56–67, 67–68, 68–84, 84–85, 85–88.

Zeile	Tempus	Funktion
1–15	*Präsens*	*ist allgemeingültig*
...	...	...

A2 Einen Sachtext verstehen

14 *Lies den Text.*

Mutprobe virtuelle Gewalt

Tübinger Wissenschaftler fordert strikteren Jugendschutz bei Horrormedien

Wenn Kinder an PC oder Fernseher Gewalt konsumieren, kann das ihre Gewaltbereitschaft erhöhen. Das zeigt die Langzeitstudie „Gewalt in Medien und jugendliche Gewaltbereitschaft".

von Manuel Heckel

Im Dienst der Wissenschaft hat sich der Tübinger Wissenschaftler Günter Huber den Horrorfilm „Freitag der 13." angeschaut. Bis zum Abspann hat Huber nicht geguckt: „Das musste ich mir nicht antun", sagt der Professor für Pädagogische Psychologie. Umso erschütternder war für ihn, was Kinder in den Befragungen zur Studie antworteten: „Schon Sechsjährige gucken sich diese Filme an – das ist für viele Kinder eine Art Mutprobe."

Und eine Einstiegsdroge in den weiteren Gewaltkonsum: Auf den Horrorfilm folgen Gewaltspiele am Computer, häufig „Ego-Shooter". In ihnen übernimmt der Spieler etwa die Rolle eines Soldaten und steuert ihn durch die virtuellen Welten. Nach den Ergebnissen der Studie steht für Huber fest, dass in diesen Spielen die größte Gefahr für Kinder steckt: „Hier nehmen sie eine Position ein und müssen Strategien entwickeln, um Gegenspieler zu töten."

Im Abstand von zwei Jahren legten die Wissenschaftler gut 300 Hauptschülern aus dem Münchener Raum Fragebögen vor. Beim ersten Durchlauf sollten die zwölfjährigen Jungen und Mädchen angeben, welche Spiele und Filme sie kennen und seit wann sie diese nutzen. Außerdem wurde gefragt, welche Gefühle diese Medien bei den Kindern auslösen.

Zwei Jahre später füllten die Kinder noch einmal den gleichen Bogen aus. Dazu kamen die Fragen, inwieweit die jetzt 14-Jährigen Gewalt erlebt und selbst ausgeübt hatten. Das Ergebnis: Je früher und häufiger Kinder Horrorfilme und Gewaltspiele konsumieren, desto häufiger neigen sie dazu, Probleme aggressiv zu lösen.

Ganz festlegen wollen und können sich die Autoren der Studie jedoch nicht: Auch das Umfeld in der Schule und der soziale Status beeinflussten die Gewaltbereitschaft der Kinder. „Ein ganz entscheidender Faktor ist, ob Kinder Gewalt von ihren Eltern erleben", sagt Huber.

Er hält nichts von einem völligen Verbot von Medien mit gewalttätigem Inhalt. „Das würde die Sachen nur noch attraktiver machen." Huber fordert, dass der Jugendschutz strikter befolgt wird: „Es kann nicht sein, dass Kinder an Spiele kommen, die mit dem Etikett ‚ab 18' verkauft werden."

Außerdem müsse die Medienerziehung verbessert werden – vor allem zu Hause. „Viele Eltern wissen gar nicht, was auf dem PC im Kinderzimmer abgeht", betont Huber. Das sei aber Voraussetzung, um reagieren zu können: „Spätestens wenn im Spiel Arme abgehackt werden, ist ein Gespräch mehr als angebracht." Wichtigste Frage der Eltern an ihre Kinder ist für den Wissenschaftler: „Was empfindet ihr bei diesen Szenen?"

Schwäbisches Tagblatt, 28.8.2008

15 *Ordne jedem Textabschnitt eine Überschrift zu. Schreibe sie in eine der Leerzeilen.*

Jugendschutz und Medienerziehung verbessern

Horrorfilme als Einstiegsdroge   Virtuelle Gewalt fördert Aggressivität

16 *„Das musste ich mir nicht antun." Wie verstehst du diese Aussage Hubers?*

17 *Ordne den Fremdwörtern die deutschen Wörter/Erklärungen zu.*

> *Stellung in der Gesellschaft*   *scheinbar/künstlich*   *Rolle*   *streng*
>
> *angriffslustig*   *anziehend*   *verbrauchen*   *geplantes Vorgehen*

strikt: _____

konsumieren: _____

virtuell: _____

Position: _____

Strategie: _____

aggressiv: _____

sozialer Status: _____

attraktiv: _____

18 *Ergänze die Grafik mit den fünf Faktoren,*
die jugendliche Gewaltbereitschaft beeinflussen. (Z. 25–35)

Gewaltbereitschaft von Kindern

19 *In den Gewaltspielen am PC sieht Huber „die größte Gefahr für Kinder". Kreuze die richtige Begründung an.*
„Gewaltspiele am PC" sind für Kinder die größte Gefahr, weil …

A ☐ Kinder die künstliche Spielwelt mit der wirklichen verwechseln.

B ☐ Kinder die Szenen beliebig oft wiederholen können.

C ☐ Kinder eine Rolle mit dem Ziel zu töten übernehmen.

D ☐ Kinder Gewalt nicht in der Wirklichkeit erproben.

20 *Welche Aussagen zum Schutz der Kinder vor Gewalt darstellenden Medien sind dem Text zufolge richtig?*
Kreuze jeweils richtig oder falsch an.

		richtig	falsch
A	Ein grundsätzliches Verbot solcher Medien ist sinnvoll.	☐	☐
B	Der Jugendschutz muss entschiedener befolgt werden.	☐	☐
C	Gespräche helfen nicht, sondern nur Verbote.	☐	☐
D	Die Eltern müssen sich über die Spiele der Kinder informieren.	☐	☐
E	Medienerziehung ist wahrscheinlich wirkungslos.	☐	☐
F	Das Etikett „ab 18" sollte abgeschafft werden.	☐	☐
G	Die Empfindungen der Kinder bei Gewaltdarstellungen sind bedeutungslos.	☐	☐

A3 Grafiken verstehen

21 *Schau dir die nachfolgenden Grafiken an. Um welche Art der Grafik handelt es sich?*

Es handelt sich um _____ .

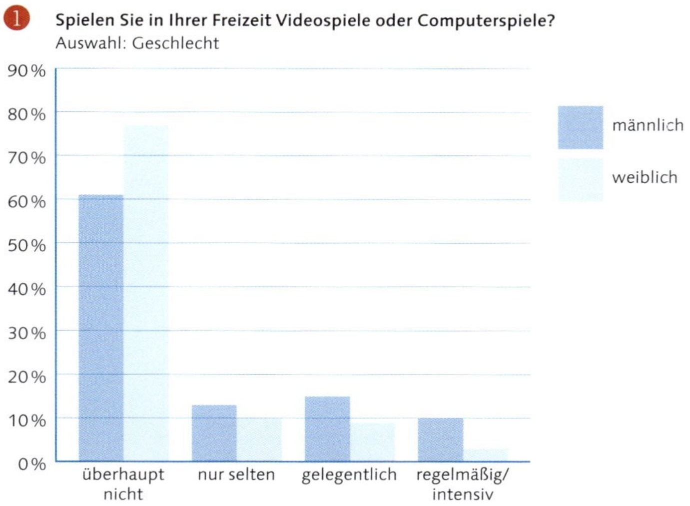

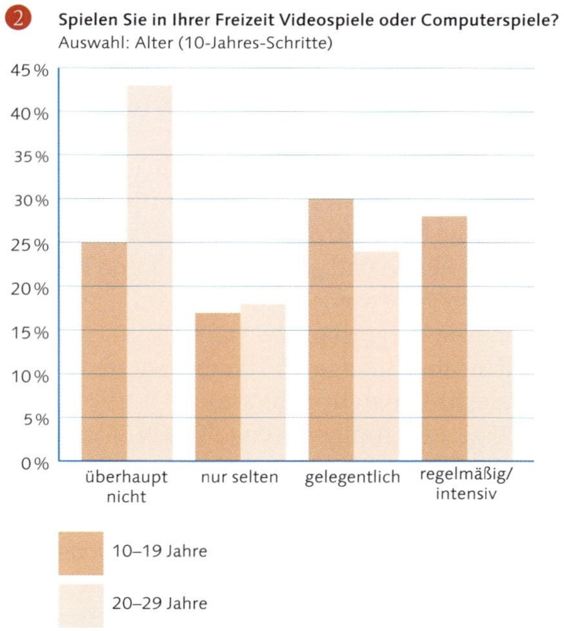

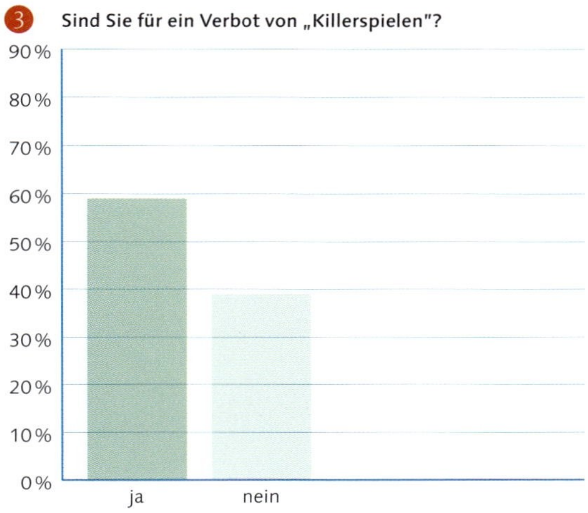

1 Spielen Sie in Ihrer Freizeit Videospiele oder Computerspiele?
Auswahl: Geschlecht

männlich

weiblich

2 Spielen Sie in Ihrer Freizeit Videospiele oder Computerspiele?
Auswahl: Alter (10-Jahres-Schritte)

10–19 Jahre

20–29 Jahre

3 Sind Sie für ein Verbot von „Killerspielen"?

22 *Was trifft laut Aussage der Grafiken zu? Kreuze für jede Formulierung an: richtig oder falsch?*

			richtig	falsch
A		Die Mehrheit der Befragten ist für ein Verbot von „Killerspielen".		
B		Weibliche Befragte spielen häufiger Video- oder Computerspiele als männliche.		
C		38% der männlichen Befragten spielen Video- oder Computerspiele.		
D		Regelmäßig spielen 10 % der Männer und 3 % der Frauen.		
E		Die Gruppe der 10- bis 19-Jährigen spielt seltener als die der 20- bis 29-Jährigen.		
F		Überhaupt nicht spielen 25 % der 10- bis 19-Jährigen und 43% der 20- bis 29-Jährigen.		
G		Die Grafiken ❶ und ❷ zeigen, dass mit dem Alter die Zahl der Spieler abnimmt.		

C   Einen Text überarbeiten

Kathrin und Marc wollen für die Schülerzeitung einen Kommentar zu der Studie „Gewalt in Medien und jugendliche Gewaltbereitschaft" schreiben. Als Hilfe für das Schreiben haben sie Tipps der Redaktion vorliegen.

> **TIPP FÜR DAS SCHREIBEN VON ARTIKELN FÜR DIE SCHÜLERZEITUNG**
>
> A Achte auf die **Rechtschreibung**, besonders auf die Großschreibung und den s-Laut.
> B Überprüfe die Schreibung von **Fremd**- und **Fachwörtern**.
> C Setze **Kommas** zwischen Haupt- und Nebensätze.
> D Schreibe **wörtliche Rede** in Anführungszeichen.
> E Benutze in indirekter Rede den **Konjunktiv**.
> F Wende die **Ersatzprobe** an:
>   Finde treffende und genaue Wörter und Formulierungen.
>   Vermeide Wortwiederholungen.
> G Wende die **Weglassprobe** an:
>   Streiche überflüssige Wörter und Sätze.
> H Wende die **Umstellprobe** an:
>   Verbessere eintönigen oder falschen Satzbau.
> I Verwende **keine** Ausdrücke der **Jugendsprache**, die in der Schriftsprache nicht üblich sind.

23 a) Lies den folgenden Textentwurf. Die Redaktion hat Verbesserungsvorschläge notiert,
    die Buchstaben beziehen sich auf die Tipps oben.
    Unterstreiche die Stellen, die verbessert werden sollen.
   b) Schreibe die verbesserte Fassung in dein Heft und ergänze eine Überschrift.

Textentwurf	Tipp
Die Forscher haben Schüler gefragt: Welche Spiele und Filme kennt ihr und seit	D
wann nutzt ihr diese Spiele und Filme? Nach zwei Jahren haben die Schüler den	F
gleichen Bogen noch einmal ausgefüllt und die Frage beantwortet, ob sie Ge-	
walt erlebt oder selbst ausgeübt haben. Das Ergebniss der Studie ist: Je früher	A
und häufiger Kinder erschreckende Horrorfilme ansehen und Gewaltspiele	G
spielen desto häufiger versuchen sie, Probleme aggressiv zu lösen.	C, B
Deshalb fordern die Forscher einen Jugendschutz für Jugendliche und eine	G
tollere Medienerziehung durch die Eltern.	I
Wir glauben nicht, das diese Studie richtig ist denn die Kinder werden wohl	A, C
keine richtigen Angaben gemacht haben. Vielleicht fanden einige der Jugendli-	F
chen es geil, mit der Brutalität ihrer Spiele und Filme sich aufzuspielen.	I, H
Eine viel größere Rolle als die Medien spielt außerdem das Umfeld (Elternhaus,	
Schule, Freunde). Hier erleben sie Gewalt durch lebende Menschen und nicht	F
durch künstliche Wesen. In Einzelfällen können bruhtale Computerspiele und	B
Filme sicher viel Schaden anrichten, obwohl in der Familie und bei Freunden	
Gewalt nicht in ist. Einzelfälle sind das wie gesagt.	I, H, G
Amokläufe kommen meistens durch Mobbing oder Wut zu Stande. Dass Compu-	
terspiele die Ausführung eines solchen wilden Amoklaufs beeinflussen können,	G
ist richtig. Dass sie nicht dafür verantwortlich sind oder der Auslöser sind, ist	G
auch richtig.	
Ein Verbot verdeutlicht zwar Jugendlichen und Eltern die Gefährlichkeit sol-	
cher Spiele und Filme. Huber sagt jedoch ein komplettes Verbot von Medien mit	C
gewalttätigen Inhalt macht bestimmt diese Medien nur noch atracktiver. Dem	A, E, G, B
können wir nur zustimmen. Aber wie will er verhindern, das Kinder an Spiele	A
kommen, die nicht jugendfrei sind? Da sind Jugendliche bestimmt einfalls-	
reich!	

Kathrin und Marc, 8 d

D Schreiben – einen Kommentar verfassen

Stelle dir Folgendes vor: Die Redaktion der Schülerzeitung bittet um weitere Kommentare, also persönliche Stellungnahmen, zu der Frage „Gewalt in Medien und jugendliche Gewaltbereitschaft – sollen gewalttätige Filme und Spiele für Jugendliche verboten werden?".

24 *Notiere Thesen und Argumente des Zeitungsartikels auf S. 91. Schreibe ins Heft.*

25 *In einer Stellungnahme wird die eigene Meinung mit überzeugenden Argumenten vertreten.*
*Welche Argumente **für** und **gegen** einen strengeren Jugendschutz führen Kathrin und Marc in ihrem Text an (Aufgabe 23)? Trage sie in die folgende Übersicht ein.*

Für einen strengeren Jugendschutz bei gewalttätigen Filmen und Spielen spricht: _____

_____

_____

_____

Gegen einen strengeren Jugendschutz bei gewalttätigen Filmen und Spielen spricht: _____

_____

_____

_____

26 *a) Welche Position vertrittst du zum Thema? Notiere.*

_____

_____

b) Formuliere deine Position zu einer schlagkräftigen Überschrift aus.

_____

_____

c) Gewichte die Argumente aus Aufgabe 25, indem du Ziffern vergibst: 1, 2, …

27 *Schreibe einen kurzen Kommentar (persönliche Stellungnahme). Verwende deine Ergebnisse aus den Aufgaben 24–26.*

_____

_____

_____

_____

_____

Autoren- und Quellenverzeichnis

S. 7: Material 4: Aus: www.unicef.de, Deutsches Komitee für UNICEF e.V.; **S. 11:** Drei Mädchen sind UNICEF-JuniorBotschafter 2007. Aus: www.younicef.de, Deutsches Komitee für UNICEF e.V.; **S. 12, 13, 14:** KERKELING, HAPE: Ich bin dann mal weg. Meine Reise auf dem Jakobsweg (Auszüge). Malik Verlag, München 2006; **S. 15:** MANN, THOMAS: Tonio Kröger. S. Fischer Verlag, Frankfurt/M. 2005; **S. 17:** LENZ, SIEGFRIED: Deutschstunde (Auszug). Hoffmann und Campe, Hamburg 1968, S. 92; **S. 22:** KERNER, CHARLOTTE: Geboren 1999 (Auszug). Beltz & Gelberg, Weinheim & Basel 1989, S. 142; **S. 25:** ENGELHARDT, INGEBORG: Hexen in der Stadt (Auszug). dtv, München 1996, S. 11; **S. 40:** Flexibel und mobil. In: Kölner Stadt-Anzeiger 09.04. 2008; **S. 46:** „Ich wünsche mir vor allem, ...“ und „Mein Traum ist ...“ In: Zeit-Magazin Leben Nr. 28/07 vom 05.07. 2007, S. 41 und 42; **S. 52:** KAMANI, NASANIN: Schubladen nach Maß? (Originaltitel: „Maßgeschreinerte Schubladen“). In: Kölner Stadt-Anzeiger 24./25.11. 2007; **S. 55:** „Abgeschreckte Eier ...“ und „Am M/montagnachmittag ...“ In: Süddeutsche Zeitung Wissen, Heft 2/2005, S. 13 und 10; **S. 59:** IMDAHL, GEORG: Es begann mit dem Commodore 64. In: Kölner Stadt-Anzeiger 07.11. 2006; **S. 66, 68:** „Der Ein-Liter-Mann“ und „Fahrzeuge der Zukunft?“ In: Neue Westfälische Zeitung Nr. 103 vom 03./04.05. 2008; **S. 70 f.:** TYDECKS, ANJA: Das tägliche Versteckspiel. In: Bonner General-Anzeiger 09.09. 2008, S. 5; **S. 75:** FRITZ, WALTER HELMUT: Augenblicke. Aus: Kürzestgeschichten. Arbeitstexte für den Unterricht. Reclam, Stuttgart 1982, S. 23–25; **S. 78:** KELLER, GOTTFRIED: Kleider machen Leute. Aus: Die Leute von Seldwyla. Insel Verlag, Frankfurt/M. 2002; **S. 80:** NOVAK, HELGA MARIA: Schlittenfahren. In: Rainer Könecke: Interpretationshilfen. Deutsche Kurzgeschichten 1945–1968. 12 Texte und Interpretationen. Sekundarstufe II. Klett, Stuttgart 1994, S. 177; **S. 81 ff.:** SHAKESPEARE, WILLIAM: Romeo und Julia (Auszüge, Übersetzung von Erich Fried). Aus: Diethard Lübke (Hg.): einfach klassisch: Romeo und Julia. Cornelsen, Berlin 2005; **S. 85:** GOETHE, JOHANN WOLFGANG: Ein Gleiches. Aus: Bernt von Heiseler (Hg.): Goethe: Gesammelte Werke in sieben Bänden. C. Bertelsmann, Gütersloh 1955; KLÖTGEN, FRANK: Wandrers Nachtlied. Der Spreepark-Remix. Aus: http://stadtkind.tagesspiegel.de/index.php?/categories/11-Berlin-Gedicht. Der Tagesspiegel online, Berlin 2008; **S. 87 f.:** BRITTING, GEORG: Brudermord im Altwasser. Aus: Gesamtausgabe Bd. 3. Erzählungen 1920–1936. Nymphenburger Verlagsbuchhandlung, München 1958, S. 84–86; **S. 91:** HECKEL, MANUEL: Mutprobe virtuelle Gewalt. In: Schwäbisches Tagblatt 28.08. 2008

Bildquellenverzeichnis

S. 3, 14 rechts: picture-alliance/akg images; **S. 4** oben: ullstein bild/WITTENSTEIN; unten rechts: ullstein bild/KPA; unten links: Cover von Hermann Vinke, Das kurze Leben der Sophie Scholl © 1997 by Ravensburger Buchverlag Otto Maier GmbH, Ravensburg; **S. 7, 47** links: ullstein bild/AP; **S. 9, 11, 32, 36** unten, **39, 45, 46** unten, **53** links, **55** links, **72, 74, 87:** picture-alliance/dpa; **S. 12:** Cover von Hape Kerkeling, Ich bin dann mal weg. Meine Reise auf dem Jakobsweg © 2006 Piper Verlag GmbH, München; **S. 14** links, **16** unten, **46** oben: picture-alliance/ZB; **S. 15:** Cover von Thomas Mann, Tonio Kröger © 2005 S. Fischer Verlag, Frankfurt/M.; **S. 22:** Cover von Charlotte Kerner, Geboren 1999 © 1989 Beltz & Gelberg in der Verlagsgruppe Beltz, Weinheim & Basel; **S. 25:** Cover von Ingeborg Engelhardt: Hexen in der Stadt. © für die Umschlaggestaltung von Tilman Michalski: 1997 Deutscher Taschenbuch Verlag, München; **S. 27:** picture-alliance/Sander; **S. 36** oben: Cover von Spider-Man komplett 20, TM & © 2008 Marvel; **S. 40:** picture-alliance/allOver; **S. 41** oben: © 2005 Pierre Terre, Creative Commons Attribution-Share Alike 2.0 Generic; unten: © 2006 Jim Champion, Creative Commons GFDL-self, Wikimedia project; **S. 42:** picture-alliance; **S. 44:** Cover von David Klass: Wenn er kommt, dann laufen wir. Gestaltung von: Büro Knaus, Frauke Schneider © 2006 Arena Verlag GmbH, Würzburg; **S. 47** Mitte: Mit freundlicher Genehmigung von Loomit, www.loomit.de; **S. 47** rechts: ullstein bild/Pietschmann; **S. 48:** ullstein bild/Röhrbein; **S. 49:** Cover von Marion Zimmer Bradley, Die Nebel von Avalon © 1984 S. Fischer Verlag, Frankfurt/M.; **S. 51:** ullstein bild/Becker & Bredel; **S. 52:** ullstein bild/chromorange; **S. 53** rechts: picture-alliance/OKAPIA KG, Germany; **S. 55** rechts: ullstein bild/INTRO/Ausserhofer; **S. 59:** © 2005 Bill Bertram, Creative Commons Cc-by-2.5 Attribution; **S. 66, 68:** Mit freundlicher Genehmigung der Volkswagen Aktiengesellschaft, Wolfsburg; **S. 91:** ullstein bild/DIAGENTUR

Impressum

Redaktion: lüra – Klemt & Mues GbR, Wuppertal

Illustrationen: Maja Bohn, Berlin (S. 18, 29, 33–35, 75, 78, 80); Amelie Glienke, Berlin (S. 6, 30, 43, 49, 64, 65, 67); Bianca Schaalburg, Berlin (S. 56, 58, 73, 81, 82)
Umschlaggestaltung: Katharina Wolff (Foto: Peter Wirtz, Illustration: Barbara Schumann)
Layoutkonzept: Katharina Wolff
Gestaltung und technische Umsetzung: Anna-Maria Klages, Wuppertal

www.cornelsen.de

Druck: Parzeller print & media GmbH & Co. KG

Ausgabe ohne CD
1. Auflage, 9. Druck 2018
ISBN 978-3-06-060805-8

Ausgabe mit Übungs-CD
1. Auflage, 4. Druck 2013
ISBN 978-3-06-060961-1

PEFC zertifiziert
Dieses Produkt stammt aus nachhaltig bewirtschafteten Wäldern und kontrollierten Quellen.
PEFC
PEFC/04-31-1308
www.pefc.de